JN057386

イ・ヘリム／チュ・ヘリム／ファン・チソン［著］

よくわかる

韓国語能力試験

TOPIK II

聞き取り テキスト

スリーエーネットワーク

ISBN 978-4-88319-925-9　C0087
Printed in Japan

はじめに

　最近、韓国語能力試験（TOPIK）の受験者が多くなり、さまざまな試験対策書が出版されてきましたが、「聞き取り」だけを学習できる本はそれほど多くありません。聞き取りの実力を向上させるためには適切な難易度と多様な話を聞くことが大切ですが、良い教材を教えてほしいという学生の要望に応えられず、いつも残念に思っていました。

　本書は現職の韓国語教師として感じていた物足りなさと学生を教えることで蓄積してきた経験を集めて制作しました。会話、案内、談話、講演、ドキュメンタリーなど多様な分野のさまざまなテーマを盛り込もうと努力しました。

　「聞き取り」は試験の1つの分野ですが、その中にはさまざまなテーマがあり、問題へのアプローチ方法が少しずつ異なります。私たちはその点に着目し、さまざまなテーマに対応する練習ができるように質問項目を細分化しました。また、各テーマで提示される問題に基づき、基本練習から本番形式の練習という流れで構成しました。

　まず、基本練習でそのテーマで要求されることを理解し、その後は実際の試験と同じ難易度の問題にチャレンジします。例えば、基本的な練習では、ディクテーションで正確に聞く練習もあります。本書は難易度とテーマから、2つのChapterと12のUnitに分けて構成されており、この順番に沿って学習することで段階的に学習することができます。短期間で集中して学習したい時は、テーマの把握を中心に練習するのもよいでしょう。

　解答解説にも力を入れました。問題を解くだけでなく、音声スクリプトや解答解説を通じて提示される情報も必ず確認してください。本文（音声）の内容がどのように言い換えられているか、上級学習者なら知っておくべき単語なども提示していますので、解説もフル活用してください。ただ本棚にあるだけの本ではなく、使い込まれ、手垢にまみれた本になることを願っています。

　この本が韓国語学習者の聞き取り能力を向上させ、私たちと同じ悩みを抱えている先生方にもお役に立つことを願っています。

2021年5月
執筆者一同

目次

Chapter 1

Chapter 2

本書について

1. 構成と内容

　本書は、「韓国語能力試験（TOPIK）Ⅱ聞き取り」の50問を分析し、問題をテーマ別に分けました。2つのChapterに分かれており、各Chapterは6つのUnitで構成されています。Chapter 1は主に音声を聞いて1つの問題を解く練習で構成されており、Chapter 2は音声を2回聞いて2つの問題を解く練習が多いです。

※各Unitは「問題の種類・ポイント」「語彙と表現」「過去問で傾向を把握しよう」「練習① 基本練習」「練習② 実戦練習」で構成されています。

2. 学習方法
「問題の種類・ポイント」

　当該のユニットの問題パターンを説明します。問題を解く時に役立つ戦略を実際の韓国語能力試験での問題番号ごとに提示します。

「語彙や表現」

　Chapter 1のUnit 1、Chapter 2のUnit 1、Unit 4、Unit 6にはそのテーマの分野に関連した表現などをリストにしています。

「過去問で傾向を把握しよう」

　実際の韓国語能力試験の問題を提示し、解説しています。過去問を通して、戦略を適用してみる練習をします。

「練習① 基本練習」

　そのテーマの問題を聞く時に必要な基本を学び、聞き取りの実力をつけます。ディクテーション、メモを完成させる、○×問題など、さまざまな方法で練習をしていきます。

「練習② 実戦練習」

　実際の韓国語能力試験の問題と類似した分量と難易度の問題を提示しています。先に学んだ内容に基づいて、自分の聞き取りの実力を試します。

3. 留意点

　本書は韓国 Hangeul Park 出版社から 2021 年に発行された〈COOL TOPIK Ⅱ 듣기〉の Chapter 1　Unit 1〜6、Chapter 2　Unit 1〜6（各 Unit の도전 2は除く）を日本の読者向けに編集して発行するものです。日本語訳は、日本の読者向けに理解しやすいよう、元の韓国語の文から一部表現を変えているところがあります。

🔊本書『よくわかる 韓国語能力試験 TOPIK Ⅱ 聞き取り テキスト』の音声
　　について

下記のサイトの［補助教材］から、ダウンロードまたはストリーミング再生で、本書に記載の🔊の番号と対応する音声ファイルをご利用ください。なお、本音声は本書の原書である〈COOL TOPIK Ⅱ 듣기〉の音声のため、「練習② 実戦練習」の音声の始まりには「도전 1（挑戦1）」という音声が含まれています。ご了承ください。

https://www.3anet.co.jp/np/books/4510/

TOPIK（韓国語能力試験）について

1．韓国語能力試験の目的
- 韓国語を母語としない在外同胞・外国人に対する韓国語学習の方向性の提示および韓国語の普及拡大
- 韓国語使用能力を測定・評価し、その結果を韓国内大学留学および就業等に活用

2．受験対象者
韓国語を母語としない在外同胞・外国人のうち
- 韓国語学習者および韓国内大学への留学希望者
- 国内外の韓国企業および公共機関への就職希望者
- 外国の学校に在学中または卒業した在外国民

3．主管機関
大韓民国教育部国立国際教育院

4．試験の水準および等級
- 試験の水準：TOPIK I、TOPIK II
- 評価等級：6等級（1～6級）

TOPIK I		TOPIK II			
1級	2級	3級	4級	5級	6級
80点以上	140点以上	120点以上	150点以上	190点以上	230点以上

5．問題構成
1）水準別構成

試験水準	時間	領域／時間	形式	問題数	配点	配点総計
TOPIK I	1時間目	聞き取り（40分）	選択式	30	100	200
		読解（60分）	選択式	40	100	

試験水準	時間	領域／時間	形式	問題数	配点	配点総計
TOPIK Ⅱ	1時間目	聞き取り（60分）	選択式	50	100	300
		筆記（50分）	記述式	4	100	
	2時間目	読解（70分）	選択式	50	100	

2）問題形式

①選択式問題（四択）

②記述式問題（筆記領域）

・文章を完成させる問題（短い解答）：2問

・作文：2問

－中級レベルの200～300字程度の説明文1問

－上級レベルの600～700字程度の論述文1問

6. 等級別評価基準

評価等級		評価基準
TOPIK Ⅰ	1級	自己紹介・買い物・料理の注文など、生活に必要な基礎的な言語を駆使することができ、自分自身・家族・趣味・天気等、非常に身近な話題を理解し表現することができる。約800の基礎語彙と基本文法に対する理解をもとに、簡単な文を作ることができる。また、簡単な生活文や実用文を理解し、組み立てることができる。
	2級	電話・依頼など日常生活に必要な言語や、郵便局・銀行など公共施設の利用に必要な言語を駆使することができる。約1,500～2,000の語彙を利用して、身近な話題について段落単位で理解し表現することができる。公式的な状況と非公式な状況での言語を使い分けることができる。

TOPIK Ⅱ	3級	日常生活を営むのに別段困難を感じず、各種公共施設の利用や社会的関係の維持に必要な基礎的言語を駆使することができる。 身近で具体的な題材はもちろん、自分に身近な社会的題材を段落単位で表現したり理解したりすることができる。文語と口語の基本的特性を理解して使い分けることができる。
	4級	公共施設の利用や社会的関係の維持に必要な言語を駆使することができ、一般的な業務遂行に必要な言語をある程度駆使することができる。また、ニュース・新聞記事の比較的平易な内容を理解することができる。一般的な社会的・抽象的題材を比較的正確に理解し、流暢に使うことができる。 よく使われる慣用的表現や代表的な韓国文化に対する理解をもとに、社会・文化的な内容を理解し表現することができる。
	5級	専門分野における研究や業務遂行に必要な言語をある程度駆使することができ、政治・経済・社会・文化全般にわたり身近でない題材についても理解し表現することができる。 公式的・非公式的状況や、口語的・文語的状況に合わせて言語を適切に使い分けることができる。
	6級	専門分野における研究や業務遂行に必要な言語を比較的正確かつ流暢に駆使することができ、政治・経済・社会・文化全般にわたり身近でない話題についても理解し表現することができる。 ネイティブスピーカーの水準には及ばないものの、言語の駆使や意味表現には困難をきたさない。

Chapter 1

絵・グラフ

問題［1−3］

問題1、2は男性と女性の会話を聞いてその状況を最もよく描写した絵を選ぶ問題です。また、問題3は男性が話すことと同じ内容のグラフを選ぶ問題です。

問題の種類・ポイント

問題
[1] [2]

男性と女性の会話を聞いて適切な絵を選ぶ。

問題1は会話の背景となる場所と二人の関係を意識して答えを選びましょう。問題2は会話の主題となる動詞を意識して聞き、時制にも気を付けましょう。

問題
[3]

男性の話を聞いて適切なグラフを選ぶ。

問題3は話を聞いてグラフを選ぶ問題です。具体的な数値よりは変化を意味する言葉や順位の説明を集中して聞くとよいでしょう。折れ線グラフでは減少・増加などの変化を表す言葉を正確に聞き取り、円グラフや棒グラフでは順位を話しているところを集中して聞きましょう。1位や数が多いものから話されることが多いです。

語彙と表現

●場所に関連した語彙

病院、会社など、よく出題される場所に関連した語彙を学びましょう。

〈병원／病院〉

증상	症状	진찰하다	診察する
접수하다	受付する	처방정	処方せん
진료실	診療室	입원을 하다	入院をする
주사를 맞다	注射を打つ	다치다	けがをする

〈세탁소／クリーニング店〉

세탁하다	洗濯する	세탁비	洗濯費（クリーニング代）
옷을 맡기다	洋服を預ける	빨다	洗う
드라이클리닝	ドライクリーニング	지우다	消す
얼룩이 지다	しみがつく	다림질	アイロンがけ

〈회사／会社〉

엘리베이터	エレベーター	회의를 하다	会議をする
방문하다	訪問する	복사기	コピー機
출입증	入館証	부장님	部長
서류	書類	안내	案内

〈수리 센터／修理センター〉

고장이 나다	故障する	구입 일시	購入日時
망가지다	壊れる	고치다	直す
소리가 안 나다	音が出ない	화면이 안 나오다	画面が出ない
AS센터	アフターサービスセンター		
무상 수리 보증 기간	無償修理保証期間		

〈미용실／美容室〉

다듬다	（髪を）整える	머리를 빗다	髪をとかす
파마를 하다	パーマをかける	가운을 입다	ガウンを着る
염색을 하다	髪を染める	드라이를 하다	ブローする
머리를 감다	髪を洗う	단발머리	ボブヘア

〈백화점／百貨店・デパート〉

매장	売り場	식당가	レストラン街
식품 코너	食品コーナー	안내 방송	案内放送（アナウンス）
할인 카드	割引カード	행사를 하다	イベントを行う
영업시간	営業時間	사은품을 받다	贈答品をもらう

●テーマに関連した語彙

家事、天気など、よく出題されるテーマに関連した語彙を学びましょう。

〈집안일／家事〉

밥을 하다	ご飯を炊く	닦다	拭く、磨く
상을 차리다	配膳をする	청소기	掃除機
설거지	皿洗い	세탁기	洗濯機
정리하다	整理する	옷을 널다	服を干す

〈접수／受付〉

생년월일	生年月日	등록비	登録費
신청서	申請書	등록하다	登録する
접수대	受付カウンター	마감	締め切り
제출하다	提出する	작성하다	作成する

〈날씨／天気〉

비가 그치다	雨が止む	안개가 끼다	霧が立ち込める
소나기	夕立、にわか雨	바람이 불다	風が吹く
옷이 젖다	服が濡れる	개다	晴れる
일기예보	天気予報	천둥이 치다	雷が鳴る

〈음식 주문／料理の注文〉

시키다	注文する	나눠 먹다	分け合って食べる
결제하다	決済する	배달하다	出前をとる
현금	現金	포장하다	テイクアウト、包装する
자리를 잡다	席を取る	메뉴판	メニュー

〈운동／運動〉

탁구를 치다	卓球をする	땀이 나다	汗が出る
시합을 하다	試合をする	숨이 차다	息が切れる
뛰다	走る	스키를 타다	スキーをする
준비 운동	準備運動	수영을 하다	水泳をする

〈여행／旅行〉

지도를 보다	地図を見る	가이드를 따르다	ガイドについていく
환전하다	両替する	출국하다	出国する
사진을 찍다	写真を撮る	관광객	観光客
호텔에 묵다	ホテルに泊まる	유적지	遺跡、名所旧跡

●折れ線グラフに関連する表現

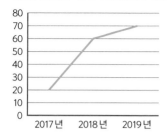

・2017년 이후 계속해서 증가하고 있다.

　2017年以降増加し続けている。

・2017년부터 꾸준히 늘어나고 있다.

　2017年から着実に増えている。

・2017년 이래 높아지는 추세이다.

　2017年以来高くなっている傾向だ。

・2017년부터 상향 곡선을 나타나고 있다.

　2017年から上向きの曲線を示している。

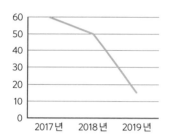

・2017년 이후 계속해서 감소하고 있다.

　2017年以降減少し続けている。

・2017년부터 꾸준히 줄어들고 있다.

　2017年から着実に減っている。

・2017년 이래 낮아지는 추세이다.

　2017年以来低くなっている傾向だ。

・2017년부터 하향 곡선을 나타내고 있다.

　2017年から下向きの曲線を示している。

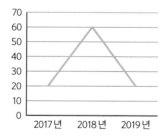

・2017년부터 2018년까지 증가하다가 다시 감소
하고 있다.

　2017年から2018年まで増加していたが、再び
　減少している。

・2018년에 가장 높았다가 점차 줄어들고 있다.

　2018年に最も高かったが、徐々に減っている。

・2018년에 최고점을 기록했다.

　2018年に最高点を記録した。

・2018년까지 상승하다가 하락하고 있다.

　2018年まで上昇していたが、下降している。

16

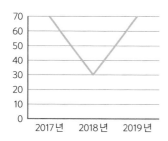

- 2017년부터 2018년까지 감소하다가 다시 증가하고 있다.

  2017年から2018年まで減少していたが、再び増加している。

- 2018년에 가장 낮았다가 점차 늘어나고 있다.

  2018年に最も低かったが、徐々に増えている。

- 2018년에 최저점을 기록했다.

  2018年に最低点を記録した。

- 2018년까지 하락하다가 상승하고 있다.

  2018年まで下降していたが、上昇している。

●円グラフに関連する表現

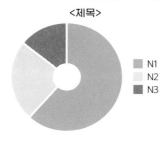

- 〈제목〉에 대해서 N1이라는 답이 가장 많았고 N2, N3이 그 뒤를 이었다.

  〈タイトル〉に関してN1という答えが最も多く、N2、N3がその後に続いた。

- 〈제목〉에 대한 질문에서 N1이 1위를 차지했고 그 다음으로 N2와 N3이 있었다.

  〈タイトル〉に関する質問でN1が1位を占め、その次にN2とN3があった。

●棒グラフに関連する表現

<제목>

- 〈제목〉에 대해서 N1이라는 답이 가장 많았고 N2, N3이 그 뒤를 이었다.

  〈タイトル〉に関してN1という答えが最も多く、N2、N3がその後に続いた。

- 〈제목〉에 대한 질문에서 N1이 1위를 차지했고 그 다음으로 N2와 N3이 있었다.

  〈タイトル〉に関する質問でN1が1位を占め、その次にN2とN3があった。

過去問で傾向を把握しよう！

🔊 (1)1-1

[1-3] 다음을 듣고 알맞은 그림을 고르십시오.

次の音声を聞いて適切な絵またはグラフを選びなさい。

1.

여자: 고객님, 어떤 문제가 있으세요?

남자: Ａ노트북 화면이 안 나와서요.

여자: 네, 언제 구입하셨지요?

〈64회 TOPIK Ⅱ 듣기 1번〉

①

②

③

④

訳

女性：お客様、どのようなご用件でしょうか？

男性：Ａノートパソコンの画面が出ないんです。

女性：そうですか、いつごろ購入されましたか？

〈64回 TOPIK Ⅱ 聞き取り 問1〉

解答・解説

最初に女性が男性を「お客様」と呼んだことから二人の関係を推測すると、

②または③に正解が絞られる。続いて男性が A のように話しているので、ノートパソコンが故障して修理センターに来ている状況を表している②が正解。

単語 □고객 顧客 □구입하다 購入する

2.

남자 : A 공을 잘 들고 앞쪽을 봐.
여자 : 이렇게? 그다음에는 어떻게 해?
남자 : 천천히 걸어가면서 B 공을 굴려 봐.

〈64회 TOPIK Ⅱ 듣기 2번〉

①

②

③

④

訳
男性 : A ボールをしっかり持って前を見て。
女性 : こう？　その次はどうするの？
男性 : ゆっくり歩きながら B ボールを転がしてみて。

〈64回 TOPIK Ⅱ 聞き取り　問2〉

3.

남자: **A** 2015년 이후 영화관을 찾는 관객 수가 계속해서 감소하고 있습니다. 관객 수가 줄고 있는 이유로는 '여가 활동이 다양해져서'가 가장 많았고, '영화를 모바일로 보는 경우가 늘어서', '관람료가 올라서'가 그 뒤를 이었습니다.

① <영화관 관객 수>

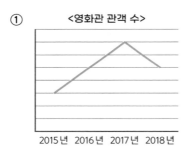

2015년 2016년 2017년 2018년

② <영화관 관객 수>

2015년 2016년 2017년 2018년

③ <관객 수 감소 이유>

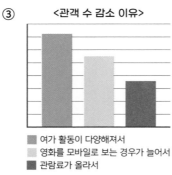

■ 여가 활동이 다양해져서
■ 영화를 모바일로 보는 경우가 늘어서
■ 관람료가 올라서

④ <관객 수 감소 이유>

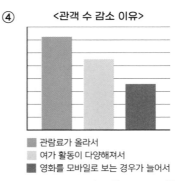

■ 관람료가 올라서
■ 여가 활동이 다양해져서
■ 영화를 모바일로 보는 경우가 늘어서

〈64회 TOPIK Ⅱ 듣기 3번〉

訳

男性：Ａ2015年以降、映画館を訪れる観客数が減少しつづけています。観客数が減っている理由としては「余暇活動が多様化したため」が最も多く、「映画をモバイル機器で観る機会が増えたため」、「鑑賞料金が上がったため」がその後に続いています。

① 〈映画館観客数〉

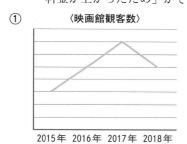

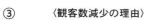
2015年 2016年 2017年 2018年

② 〈映画館観客数〉

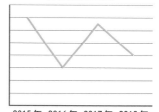
2015年 2016年 2017年 2018年

③ 〈観客数減少の理由〉

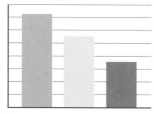

■ 余暇活動が多様化したため
□ 映画をモバイル機器で観ることが
　増えたため
■ 鑑賞料金が上がったため

④ 〈観客数減少の理由〉

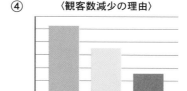

■ 鑑賞料金が上がったため
□ 余暇活動が多様化したため
■ 映画をモバイル機器で観ることが
　増えたため

〈64回TOPIKⅡ聞き取り 問3〉

解答・解説

問題3は主に2つの折れ線グラフや円グラフ、棒グラフが提示される。Ａの内容から、折れ線グラフは上昇することなく下がっていく形にならなければならないので①と②は誤り。棒グラフは観客数減少の理由を調査した結果で、項目と順位を正確に聞き取ることが大切。正解は③。

単語　□여가 활동 余暇活動　□모바일 モバイル機器

 (1)1-2

1. 다음을 잘 듣고 질문에 답하십시오.

1

Q1. 알맞은 그림을 고르십시오.

Q2. 다시 듣고 알맞은 것을 고르십시오.
- 남자는 병원에서　(a) 진료를 받으려고 접수를 하고 있다.
　　　　　　　　　(b) 처방전을 받고 진료비를 내고 있다.

2

Q1. 알맞은 그림을 고르십시오.

Q2. 다시 듣고 알맞은 것을 고르십시오.
- 여자는 미용실에　(a) 염색을 하러 왔다.
　　　　　　　　　(b) 드라이를 하러 왔다.
　　　　　　　　　(c) 머리를 자르러 왔다.

3

Q1. 알맞은 그림을 고르십시오.

①

②

Q2. 다시 듣고 알맞은 것을 고르십시오.

- 남자는 오전에　(a) 요리를 하느라고 바빴다.

　　　　　　　　(b) 식당에서 일하느라 바빴다.

4

Q1. 알맞은 그림을 고르십시오.

①

②

Q2. 다시 듣고 알맞은 것을 고르십시오.

- 남자는 지금　(a) 축구 경기를 보고 있다.

　　　　　　　(b) 축구 경기를 하고 있다.

- 남자는 1시간 뒤에　(c) 숙제를 할 것이다.

　　　　　　　　　　(d) 여자에게 전화할 것이다.

5

Q1. 조사 주제로 알맞은 것을 고르십시오.

① 영화 장르 선호도　　　　　② 여가 활동 선호도

Q2. 다시 듣고 빈칸을 채우십시오.

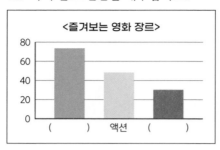

6

Q1. 알맞은 그래프를 고르십시오.

①

②

Q2. 다시 듣고 빈칸을 채우십시오.

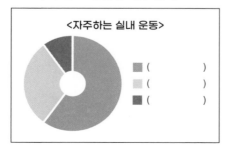

2. 다음을 듣고 알맞은 그림을 고르십시오.

1

①   ②   ③

2

①   ②   ③

3

①   ②

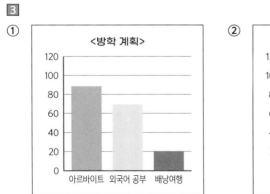
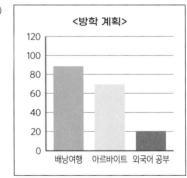

1. 次の音声をよく聞いて質問に答えなさい。

1

> 남자: 여기 가까운 A약국은 어디에 있어요?
> 여자: 한 층 아래로 내려가세요. 여기 B처방전 받으세요. C진료비는
>   5,400원입니다.

男性：この近くの A薬局はどこにありますか？
女性：一つ下の階に降りてください。この B処方せんを受け取ってください。
　　　 C診療費は5,400ウォンです。

Q1. 適切な絵を選びなさい。

Q2. もう一度音声を聞いて適切なものを選びなさい。
－ 男性は病院で
(a) 診療を受けるために受付をしている。
(b) 処方せんを受け取って診療費を払っている。

> **Q1.** ①　**Q2.** (b)
> A薬局、B処方せん、C診療費から、診療が終わった後、病院の受付で
> 看護師と患者が会話をしている状況であることがわかる。
>
> 単語　□처방전 処方せん　□진료비 診療費

2

> 여자: 너무 밝지 않은 A갈색으로 해 주세요. 오만 원 맞나요?
> 남자: 손님은 머리가 기셔서 추가 금액이 있어요. B머리가 어깨 아래쪽까
>   지 내려오니까 오천 원이 추가됩니다.

女性：あまり明るすぎない A 茶色にしてください。5万ウォンで合ってますか？

男性：お客様は髪が長いので、追加料金があります。B 髪が肩の下まできているので、5千ウォンが追加されます。

Q1. 適切な絵を選びなさい。

Q2. もう一度音声を聞いて適切なものを選びなさい。
‐ 女性は美容室に　(a) 髪を染めに来た。
　　　　　　　　　(b) ブローをしに来た。
　　　　　　　　　(c) 髪を切りに来た。

Q1. ②　**Q2.** (a)
A で女性は色について話しており、B で髪の長さなどのことを話しているので、髪を染めに来たことがわかる。

単語　□**밝다** 明るい　□**추가 금액** 追加料金

3

여자：A 식당보다 맛있는데? 이렇게 많은 반찬을 언제 다 만든 거야?
남자：맛있지? 오전부터 요리하느라 바빴어. 많이 먹어.

女性：A レストランよりおいしいんだけど？　こんなにたくさんのおかずをいつ全部作ったの？

男性：おいしいでしょ？　朝から料理をしていたので忙しかったよ。たくさん食べて。

絵・グラフ

27

Q1. 適切な絵を選びなさい。

Q2. もう一度音声を聞いて適切なものを選びなさい。
- 男性は午前中に　(a) 料理をしていたので忙しかった。
　　　　　　　　　(b) 食堂で働いていたので忙しかった。

> **Q1.** ②　**Q2.** (a)
> Ａで女性はレストランよりおいしいと言っているので、食事をしている場
> 所はレストランではないことがわかる。また、この料理は朝から男性が用
> 意したものである。

4

> 여자: 여보세요? 숙제 때문에 전화했는데, 지금 통화할 수 있어?
> 남자: 미안한데 Ａ지금 축구 결승전을 보고 있어. 한 시간이면 끝날 것 같
> 은데, Ｂ내가 이따가 다시 전화해도 될까?

女性：もしもし？ 宿題のことで電話したんだけど、今、話しても大丈夫？
男性：悪いけど、Ａ今、サッカーの決勝戦を観ているんだ。1時間もあれば
　　　終わりそうなんだけど、Ｂぼくが後で電話をかけ直してもいいかな？

Q1. 適切な絵を選びなさい。

Q2. もう一度音声を聞いて適切なものを選びなさい。
- 男性は今　(a) サッカーの試合を観ている。
　　　　　　(b) サッカーの試合をしている。

- 男性は1時間後に　(c) 宿題をするつもりだ。
　　　　　　　　　　(d) 女性に電話するつもりだ。

Q1. ②　**Q2.** (a)、(d)

Aから、女性が電話をした時、男性はサッカーの試合を観ている最中であったことがわかる。**B**から、男性は試合が終わった後に女性に電話するつもりであるとわかる。

単語　□**結승전** 決勝戦

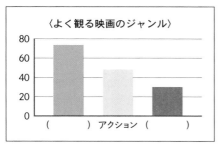

5

男子：대학생을 대상으로 **A**즐겨보는 영화 장르에 대해 조사한 결과 **B**코미디라는 응답이 가장 많았으며, **C**액션과 공포가 뒤를 이었습니다. 그밖에도 다양한 장르를 언급한 학생들이 있었습니다.

男性：大学生を対象に**A**よく観る映画のジャンルについて調査した結果、**B**コメディーという回答が最も多く、**C**アクションとホラーがその後に続きました。その他にもさまざまなジャンルを取り上げた学生がいました。

Q1. 調査のテーマとして適切なものを選びなさい。
① 好きな映画のジャンル　　② 好きな余暇活動

Q2. もう一度音声を聞いて空欄を埋めなさい。

〈よく観る映画のジャンル〉

80
60
40
20
0

（　　　）　アクション　（　　　）

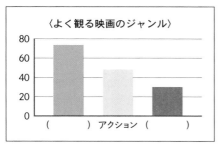

絵・グラフ

Unit 1

6

남자: 2017년 이후 실내 운동을 즐겨 하는 사람이 계속 A 증가하고 있습니
　　다. 30대와 40대 남녀를 대상으로 자주 하는 실내 운동에 대해 조사
　　한 결과 B 스트레칭이라는 응답이 가장 많았으며, C 탁구와 배드민
　　턴이 뒤를 이었습니다.

男性：2017年以降、室内運動を楽しむ人が A 増えつづけています。30代と
　　40代の男女を対象に日頃行っている室内運動について調査した結果、
　　B ストレッチという回答が最も多く、C 卓球とバドミントンがその
　　後に続きました。

Q1. 適切なグラフを選びなさい。

①

②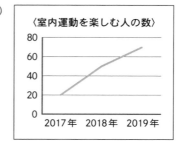

30

Q2. もう一度音声を聞いて空欄を埋めなさい。

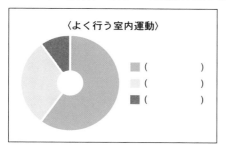

〈よく行う室内運動〉
- (　　　　　)
- (　　　　　)
- (　　　　　)

Q1. ②

Q2. ■：스트레칭 ストレッチ　■：탁구 卓球　■：배드민턴 バドミントン
室内運動を行う人は **A** で増えていると述べているので、Q1は2017年以降
上昇している②が正解。Q2は調査結果である **B** と **C** の順番を間違えずに
聞くことが重要。

2. 次の音声を聞いて適切な絵またはグラフを選びなさい。

1

남자 : 보고서는 다음 주에 <u>수업 시작하기 5분 전</u>까지 저에게 주세요.
　　　 A 제가 모아서 대표로 교수님께 가져다 드리겠습니다.
여자 : 학과 사무실로 찾아가면 되나요?
남자 : 아니요, **B** 제가 다음 주에도 교실로 올게요. 여기에 있을게요.

男性 ： レポートは来週の授業開始5分前までに私に渡してください。
　　　 A 私が集めて、代表として教授にお持ちしたいと思います。
女性 ： 学科の事務室に行けばいいですか？
男性 ： いいえ、 **B** 私は来週も教室に来ます。この場所にいますよ。

수업（授業）や🄰のように言っていることから、男性は教授の授業を補佐する助教だと考えられる。🄱から男性が話をしている場所が教室であることがわかる。

単語 □모으다 集める □대표 代表 □학과 사무실 学科の事務室

2

여자 : 바람이 많이 불어서 🄰추울 것 같은데 옷은 따뜻하게 입었어?
남자 : 응, 🄱입었어. 다녀올게.
여자 : 너무 늦게 오지 말고, 올 때 경비실에서 택배 좀 찾아 와.

女性 : 風が強くて🄰寒そうだけど、服は暖かく着たの？
男性 : うん、🄱着たよ。行ってくるよ。
女性 : あまり遅くならないようにして、帰ってくる時に警備室で宅配便を受け取って来てね。

正解 ③
🄰から二人がいる場所は家の中であることがわかる。また🄱から服を着ている最中の②は誤答となる。

単語 □경비실 警備室

3

남자 : 대학교 1학년 학생들에게 방학에 무엇을 할 건지에 대해 설문 조사를 진행했습니다. 🄰아르바이트를 해서 돈을 모으겠다는 답이 가장 많았으며, 🄱외국어 공부와 🄲배낭여행이 그 뒤를 이었습니다.

男性：大学1年生を対象に休みの間に何をする予定かについてアンケート調査を行いました。■Aアルバイトをしてお金を貯めるという回答が一番多く、■B外国語の勉強と■Cバックパック旅行がその後に続きました。

①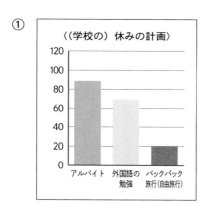

②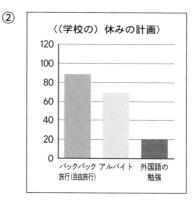

正解 ①

グラフは休みの計画に関するアンケート調査の結果である。棒グラフの問題は項目とグラフの値が一致しているかがポイントになることが多いので、■A、■B、■Cの順位を正しく聞き取ることが重要である。

単語 □돈을 모으다 お金を貯める

33

練習② 実戦練習

🔊)) (1)1-4

[1-3] 다음을 듣고 알맞은 그림을 고르십시오.

1.

①    ②

③    ④

2.

①    ②

③    ④

34

3.

①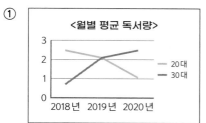

②

③

④

<월별 평균 독서량>

20대
30대

<월별 평균 독서량>

20대
30대

<책을 구하는 방식>

온라인/오프라인
서점에서 구입
전자책 구입
도서관에서 대여

<책을 구하는 방식>

전자책 구입
온라인/오프라인
서점에서 구입
도서관에서 대여

絵・グラフ

[1-3] 次の音声を聞いて適切な絵またはグラフを選びなさい。

1.

> 남자 : 가전하고 가구 매장은 A몇 층에 있나요?
> 여자 : 네, B고객님, 8층으로 가시면 됩니다.
> 남자 : 식당가는 지하에만 있나요?

男性 : 家電製品と家具売り場は A何階にありますか？
女性 : はい、Bお客様、8階までいらしてください。
男性 : レストラン街は地下にしかありませんか？

正解 ④
Aで男性は家電売り場がどこにあるのかを尋ねている。女性は男性に対し Bで「お客様」と話していることから、二人はデパートの従業員と客の関係だとわかる。また、男性はレストラン街の場所についても尋ねているので、女性はデパートのフロアガイドであると考えられる。

単語 □가전 家電製品 □매장 売り場 □식당가 レストラン街

2.

> 여자 : 민수 씨, 이 사진도 그 선반 위에 놓을 거예요?
> 남자 : 네, A잠시만 더 들고 계세요, 이쪽만 B더 닦고 바로 C놓을게요.
> 여자 : 거기 놓으면 정말 예쁘겠네요.

女性 : ミンスさん、この写真もその棚の上に置くんですか？
男性 : はい、Aもう少し持っていてください、こちらだけBもう少し拭いたらすぐC置きます。
女性 : そこに置くと、本当にきれいでしょうね。

正解 ③

Aで男性が女性に頼んでいるので、女性は写真を持っているとわかる。また、Bから男性は棚を拭いていることがわかる。Cはその後にすることである。

単語　□선반 棚　□닦다 拭く　□들다 持つ　□놓다 置く

3.

남자: '세계 책의 날'을 맞이하여 젊은 층을 상대로 책을 얼마나 읽는지 설문 조사를 했습니다. 그 결과 한 달 평균 2.5권을 읽는다고 답해 A20대와 30대의 독서량이 2018년부터 꾸준히 증가하고 있는 것을 알 수 있었습니다. 책을 구하는 방식으로는 B온라인이나 오프라인 서점을 통해서 구입한다는 대답이 가장 많았고 C도서관에서 무료로 대여한다, D전자책을 구입한다는 응답이 뒤를 이었습니다.

男性:「世界の本の日」を迎え、若年層を対象に本をどれくらい読んでいるかアンケート調査を行いました。その結果、月平均2.5冊読むという回答で、A20代と30代の読書量が2018年から着実に増加していることがわかりました。本を手に入れる方法としては、Bオンラインやオフラインの書店を通じて購入するという回答が最も多く、C図書館で無料で借りる、D電子書籍を購入するという回答が後に続きました。

 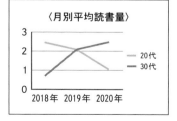

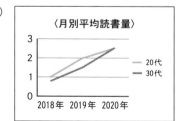

③

〈本を手に入れる方法〉

■ オンライン／オフライン書店で購入
■ 電子書籍の購入
■ 図書館で貸出し（図書館で借りる）

④

〈本を手に入れる方法〉

■ 電子書籍の購入
■ オンライン／オフライン書店で購入
■ 図書館で貸出し（図書館で借りる）

正解 ②

グラフは月別平均読書量と本の入手方法に関する内容である。Aから読書量は2018年から増加し続けていることがわかる。また、本の入手方法はBが最も多く、その後はC、Dの順番となっていることがわかる。

単語　□젊은 층 若年層　□온라인 オンライン　□오프라인 オフライン
　　　□대여하다 貸出する　□구입하다 購入する　□전자책 電子書籍

Unit 2　会話1

問題［4-8］［9-12］

男性と女性の会話を聞いて、後に続く言葉または行動を選びます。問題4-8は完成した会話を聞くのではなく、途中までの会話を聞いて後に続く言葉を選んで会話を完成させる問題です。問題9-12は会話が終わった後、どのような行動をとるかを推測する問題です。

問題の種類・ポイント

問題 ［4-8］	会話を聞いて、後に続く言葉を選ぶ。 問題4-8は日常的なテーマの会話です。最初の発言をよく聞き、具体的な状況を把握することが大切です。
問題 ［9-12］	会話を聞いて、後に続く女性の行動として適切なものを選ぶ。 問題9-12は会話が終わった後にとる行動を推測しなければならないので、最後の発言をよく聞きましょう。お願いや命令、複数の人が仕事を分担する内容などがよく出題されます。

🔊)) (1)2-1

[4-8] 다음 대화를 잘 듣고 이어질 수 있는 말을 고르십시오.

次の会話をよく聞いて、後に続く言葉を選びなさい。

4.

> 여자: 저는 내일 모임에 못 갈 것 같아요.
> 남자: 왜요? A 무슨 일이 있어요?
> 여자: _____

① 모임 장소로 오세요.
② 내일은 갈 수 있어요.
③ 고향에서 친구가 와서요.
④ 못 만날까 봐 걱정했어요.

〈64회 TOPIK Ⅱ 듣기 4번〉

訳
女性：私は明日の集まりに行けないかもしれません。
男性：どうしてですか？ A 何かありますか？
女性：_____

① 集まりの場所に来てください。
② 明日は行けます。
③ 故郷から友達が来るので。
④ 会えないのではないかと心配していました。

〈64回 TOPIK Ⅱ 聞き取り 問4〉

解答・解説
A に対する返答として明日の集まりに行けない理由について話している ③
が正解。

5.

남자 : A약 좀 사 가지고 올게. 머리가 계속 아프네.
여자 : B지금 이 시간에도 문을 연 약국이 있을까?
남자 : _____

① 아니, 머리는 괜찮아졌어.
② 응, 내가 약을 사다 줄게.
③ 아니, 문을 안 열었더라고.
④ 응, 늦게까지 하는 약국이 있어.

〈64회 TOPIK Ⅱ 듣기 5번〉

訳

男性 : Aちょっと薬を買ってくるね。頭がずっと痛いんだよ。
女性 : B今この時間でも開いている薬局があるかな？
男性 : _____

① いや、頭痛はよくなったよ。
② うん、私が薬を買ってあげる。
③ いや、まだ、やっていなかったよ。
④ うん、遅くまでやっている薬局があるよ。

〈64回 TOPIK Ⅱ 聞き取り 問5〉

解答・解説

Bから遅い時間であることが推測できる。まだ営業している薬局があるのかという質問に対する返答としては④が正解。Aで男性は自分で薬を買ってくると言っているので②は誤り。

Unit 2

会話
1

41

6.

여자: 토요일에 3층 연습실 사용할 수 있어?
남자: A 아직 관리실에 얘기를 못 해서 잘 모르겠어.
여자: _____

① 그럼 토요일에 보자.
② 그럼 내가 가서 물어볼게.
③ 연습실은 3층으로 가면 돼.
④ 주말에 연습이 없는 줄 알았어.

〈64회 TOPIK Ⅱ 듣기 6번〉

訳
女性：土曜日に3階の練習室を使える？
男性：A まだ管理室に話をしていないからよくわからないよ。
女性：_____

① じゃ、土曜日に会おう。
② じゃあ、私が行って聞いてみるね。
③ 練習室は3階に行けばいいよ。
④ 週末に練習がないと思ったよ。

〈64回 TOPIK Ⅱ 聞き取り 問6〉

解答・解説
男性が A で「まだ話をしていない」と言っている。これに対する返答としては、女性が話をしにいくという内容の②が正解。

単語 □**연습실** 練習室　□**관리실** 管理室

7.

남자: Ａ공사 소음 때문에 일에 집중이 안 되네요.

여자: 맞아요. Ｂ먼지도 심하고요.

남자: _____

① 공사를 하면 깨끗해지겠어요.

② 공사는 내일부터 시작한대요.

③ 공사를 해서 시끄러울 거예요.

④ 공사가 빨리 끝났으면 좋겠어요.

〈64회 TOPIK Ⅱ 듣기 7번〉

訳

男性: Ａ工事の騒音のせいで仕事に集中できませんね。

女性: そうですね。Ｂほこりもひどいですし。

男性: _____

① 工事をすればきれいになるでしょう。

② 工事は明日から始まるそうです。

③ 工事をするのでうるさいと思います。

④ 工事が早く終わってほしいです。

〈64回 TOPIK Ⅱ 聞き取り　問7〉

解答・解説

男性と女性が工事による不便さについて話しており、Ａ とＢ はその不便な状況を表している。早くこの状況が終わってほしいという内容の④が正解。

単語　□소음 騒音　□집중이 되다 集中できる　□먼지 ほこり

43

8.

여자: 첫 방송에 대한 시청자 의견은 어때요?

남자: 재미있다는 의견이 많았습니다. 그런데 ▐A▐ 음악이 장면에 안 어울린다는 의견도 있었습니다.

여자: _____

① 첫 방송이 정말 기대되네요.

② 시청자 의견을 못 들었어요.

③ 장면들이 아름다웠다고 해요.

④ 음악에 더 신경을 써야겠네요.

〈64회 TOPIK Ⅱ 듣기 8번〉

訳

女性：初回の放送に対する視聴者の意見はどうですか？

男性：面白いという意見が多かったです。ですが、▐A▐音楽が場面に合っていないという意見もありました。

女性：_____

① 初回の放送が本当に楽しみですね。

② 視聴者の意見を聞いていません。

③ 場面が美しかったそうです。

④ 音楽にもっとこだわらなければなりませんね。

〈64回 TOPIK Ⅱ 聞き取り 問8〉

解答・解説

初回の放送を見た視聴者の反応について話している。▐A▐の否定的な意見を聞いた後の反応を選ぶので④が正解。

単語　□장면 場面　□어울리다 似合う　□신경을 쓰다 こだわる、神経を遣う

🔊)) ⑴2-2

[9-12] 다음 대화를 잘 듣고 여자가 이어서 할 행동으로 알맞은 것을 고르십시오.

次の会話をよく聞いて、後に続く女性の行動として適切なものを選びなさい。

9.

> 여자 : 선물도 샀고 꽃도 준비했고, 케이크는 어떻게 됐지?
> 남자 : 케이크는 민수가 사 온다고 했어.
> 여자 : 그럼 A 난 생일 카드 좀 쓰고 있어야겠다.
> 남자 : 그래, 난 민수 어디쯤 왔는지 B 전화해 볼게.

① 꽃을 가져온다.　　　　② 선물을 고른다.
③ 생일 카드를 쓴다.　　　④ 민수한테 전화한다.

〈64회 TOPIK Ⅱ 듣기 9번〉

訳

女性：プレゼントも買ったし、花も用意した。ケーキはどうなったの？
男性：ケーキはミンスが買ってくると言ったよ。
女性：それじゃ、A 私はバースデーカードを書いておかないと。
男性：わかった。ぼくはミンスがどの辺りまで来たか B 電話してみるよ。

① 花を持ってくる。　　　② プレゼントを選ぶ。
③ バースデーカードを書く。　④ ミンスに電話する。

〈64回 TOPIK Ⅱ 聞き取り 問9〉

解答・解説
友達の誕生日パーティーの準備をしている。女性は A のように言っているので③が正解。④は B から男性がすることだとわかるので誤り。

10.

> 여자: 저, 오늘 두 시에 A진료 예약했는데요. 김수미라고 합니다.
> 남자: 네, 예약 확인되셨고요. B검사 전에 옷을 갈아입으셔야 해요.
> 여자: 그래요? 어디로 가면 되지요?
> 남자: 오른쪽으로 가시면 C탈의실이 있습니다.

① 검사 예약을 한다.　　　　② 옷을 갈아입으러 간다.
③ 진료 시간을 확인한다.　　④ 탈의실 위치를 물어본다.

〈64회 TOPIK Ⅱ 듣기 10번〉

訳

女性：あの…、今日2時にA診察の予約をしたのですが。キム・スミとい
　　　います。
男性：はい、予約の確認が取れました。B検査の前に服を着替えていただ
　　　かなければなりません。
女性：そうなんですか？　どこに行けばいいですか？
男性：右に行くとC更衣室がございます。

① 検査の予約をする。　　　② 服を着替えに行く。
③ 診療時間を確認する。　　④ 更衣室の位置を聞いてみる。

〈64回 TOPIK Ⅱ 聞き取り　問10〉

解答・解説

Aから女性が病院に診察を受けに来た状況であることがわかる。男性が
BとCのように案内しているので、女性は服を着替えなければならない。
正解は②。

単語　□검사 検査　□탈의실 更衣室

11.

남자 : 토마토 **A**심은 날짜까지 붙였으니까 이제 다 끝났어.

여자 : 토마토 심는 게 생각보다 간단하다.

남자 : 그렇지? **B**이제 화분을 베란다로 옮겨 놓을 테니까 **C**네가 물을 좀 줘.

여자 : 응, 알겠어.

① 화분에 물을 준다.
② 화분에 날짜를 붙인다.
③ 화분에 토마토를 심는다.
④ 화분을 베란다로 옮긴다.

〈64회 TOPIK Ⅱ 듣기 11번〉

訳

男性：トマトを**A**植えた日付まで貼ったから、もうこれで終わりだよ。

女性：トマトを植えるのって、思ったより簡単ね。

男性：でしょ？ **B**じゃあ、植木鉢をベランダに移しておくから**C**きみが 水をあげてね。

女性：うん、わかったわ。

① 植木鉢に水をやる。
② 植木鉢に日付を貼る。
③ 植木鉢にトマトを植える。
④ 植木鉢をベランダに移す。

〈64回 TOPIK Ⅱ 聞き取り 問11〉

解答・解説

男性と女性がトマトを植木鉢に植えたという状況。②は**A**からすでに終わったことがわかり、④は**B**から男性がすることだとわかるので誤り。男性は女性に**C**のように頼んでいるので、その内容と同じ①が正解。

単語 □심다 植える □화분 植木鉢 □베란다 ベランダ
□옮기다 移す

12.

남자: 김수미 씨, 직원 연수 프로그램은 확정됐나요?
여자: 아직 특강해 주실 분을 못 구했는데요. A 오늘 박민석 선생님께 연락드려 보려고요.
남자: 그럼 좀 서둘러 주세요. 안 되면 다른 분을 찾아봐야 하니까요.
여자: 네, 바로 B 알아보겠습니다.

① 다른 강사를 찾아본다.　　　② 박 선생님께 연락한다.
③ 특강 자료를 정리한다.　　　④ 연수 프로그램을 알아본다.

〈64회 TOPIK Ⅱ 듣기 12번〉

訳

男性：キム・スミさん、社員研修プログラムは確定しましたか？
女性：まだ特別講義をしてくださる方を見つけられていないのですが。
　　　A 今日パク・ミンソク先生に連絡してみようと思っています。
男性：では、ちょっと急いでください。だめなら他の方を探さないといけ
　　　ませんから。
女性：はい、すぐに B 当たってみます。

① 他の講師を探してみる。　　② パク先生に連絡する。
③ 特別講義の資料を整理する。　④ 研修プログラムを調べる。

〈64回 TOPIK Ⅱ 聞き取り 問12〉

解答・解説

女性の最後の言葉である B が表す意味を正確に把握する問題。女性は A のように言っているので、B は「パク先生に連絡して特別講義を引き受けてくれるか尋ねてみる」という意味で言っている。したがって、正解は②。

単語　□연수 研修　□확정되다 確定する　□특강 特別講義（特講）
　　　□서두르다 急ぐ

練習① 基本練習

🔊)) (1)2-3

1. 다음을 듣고 질문에 답하십시오.

1

Q1. 대화를 듣고 빈칸을 채우십시오.

> 여자: 저어, 외국 친구에게 선물할 한국 책을 찾는데 뭐가 좋을까요?
> 남자: 친구 분이 한국말을 _____?

Q2. 다시 듣고 여자가 이어서 할 말을 고르십시오.
① 한국에서 한국말을 배우고 싶어해요.
② 일 년 정도 배웠으니까 잘 하는 편이에요.

2

Q1. 대화를 듣고 빈칸을 채우십시오.

> 여자: 선배님, 김민수 교수님 수업은 어때요?
> 남자: 아직 안 들어봤어? 우리 학교에서 _____.

Q2. 다시 듣고 여자가 이어서 할 말을 고르십시오.
① 과제가 많은 줄 몰랐어요.   ② 그렇게 인기가 많은 수업이에요?

3

Q1. 대화를 듣고 빈칸을 채우십시오.

> 여자: 답사 가서 할 일을 좀 나누자.
> 남자: 그래, 유물 사진은 내가 찍을게. 학생 단체 사진은 누가 찍는 게 좋을
>   까?
> 여자: 내가 _____.
> 남자: 그래, 그럼 난 민수한테 기록 좀 하라고 해야겠다.

Unit 2

会話
1

49

Q2. 다시 듣고 여자가 이어서 할 행동을 고르십시오.
① 수미에게 연락한다.   ② 민수와 이야기한다.

4

Q1. 대화를 듣고 빈칸을 채우십시오.

> 남자: 이렇게 물이 끓으면 떡을 넣으면 돼.
> 여자: 계란하고 파는 언제 넣어?
> 남자: 떡을 넣고 1분쯤 후에 다 넣으면 끝이야. 넌 _____.
> 여자: 알겠어. 떡국 만들기가 어렵지 않구나!

Q2. 다시 듣고 여자가 이어서 할 행동을 고르십시오.
① 수저를 준비한다.   ② 계란과 파를 넣는다.

🔊)) (1)2-4
2. 다음을 듣고 질문에 답하십시오.

1

대화를 듣고 이어질 수 있는 말을 고르십시오.
① 이제 이상이 없어요.
② 한 달 전에 백화점에서 샀어요.
③ 화면은 잘 나오는데 소리가 안 나요.

2

대화를 듣고 여자가 이어서 할 행동으로 알맞은 것을 고르십시오.
① 아는 사람에게 자료를 빌린다.
② 자료를 찾으러 자료실에 다시 간다.
③ 다른 부서에 가서 자료 준비를 부탁한다.

 練習① 基本練習　訳と解答

1. 次の音声を聞いて質問に答えなさい。

1

Q1. 会話を聞いて空欄を埋めなさい。

女性：あのう、外国人の友達にプレゼントする韓国の本を探しているのですが、何がいいですかね？

男性：お友達は韓国語を＿＿＿＿＿＿＿＿＿＿？

Q2. もう一度聞いて、後に続く女性の言葉を選びなさい。

① 韓国で韓国語を学びたがっています。

② 1年ほど習ったのである程度できます。

> **Q1.** 어느 정도 하시나요　どの程度できますか
>
> **Q2.** ②
>
> 男性は女性に対して、友達は韓国語が「どの程度」できるかを尋ねている。
>
> 単語　□정도 程度

2

Q1. 会話を聞いて空欄を埋めてください。

女性：先輩、キム・ミンス教授の授業はどうですか？

男性：まだ受けたことないの？　うちの学校で＿＿＿＿＿＿＿＿＿＿。

Q2. もう一度聞いて、後に続く女性の言葉を選びなさい。

① 課題が多いとは知りませんでした。

② そんなに人気のある授業なんですか？

3

Q1. 会話を聞いて空欄を埋めなさい。

女性：調査に行ってやるべきことを少し分担しようよ。

男性：そうだね、遺物の写真はぼくが撮るよ。学生の団体写真は誰が撮るのがいいかな？

女性：私が A ＿＿＿＿＿＿＿＿＿＿＿。

男性：わかった、じゃあ B ぼくはミンスに記録をしてもらうように言わないとな。

Q2. もう一度聞いて、後に続く女性の行動を選びなさい。

① スミに連絡する。　② ミンスと話す。

4

Q1. 会話を聞いて空欄を埋めなさい。

男性：こうやってお湯が沸いたら餅を入れればいいんだ。

女性：卵とネギはいつ入れるの？

男性：A餅を入れて1分後くらいに全部入れれば終わりだよ。きみは
　　　B＿＿＿＿＿＿＿＿＿＿。

女性：わかった。トックク（餅入りスープ）を作るのは難しくないのね！

Q2. もう一度聞いて、後に続く女性の行動を選びなさい。

① スプーンとお箸を用意する。　② 卵とネギを入れる。

> **Q1.** 수저를 준비해 줘 スプーンとお箸を用意してくれよ
>
> **Q2.** ①
>
> 男性がトッククを作りながらその方法を女性に説明している。男性がBで
> 女性に頼んでいる。②はAから男性がすることだとわかるので誤り。
>
> 単語　□끓다 沸く　□수저 スプーンとお箸

2. 次の音声を聞いて質問に答えなさい。

1

会話を聞いて、後に続く言葉を選びなさい。

> 남자：A노트북 수리를 좀 맡기고 싶은데요.
>
> 여자：네 고객님, B어디에 이상이 있나요?

男性：Aノートパソコンの修理をお願いしたいんですが。

女性：かしこまりました、お客様、Bどちらに異常がおありでしょうか？

① もう異常はありません。

② 1ヵ月前にデパートで買いました。

③ 画面はちゃんと出ますが、音が出ません。

2

会話を聞いて、後に続く女性の行動として適切なものを選びなさい。

남자: 김수미 씨, 제가 부탁한 자료 준비됐어요?
여자: A 어제 자료실에 가니까 다른 부서에서 빌려갔다고 합니다. 오후에
　　　다시 가서 확인해 보겠습니다.
남자: 좀 급한데 혹시 B 지금 다시 알아봐 줄 수 있어요?
여자: 네, 알겠습니다.

男性：キム・スミさん、私がお願いしていた資料は準備できていますか。
女性：A 昨日資料室に行ったら、他の部署で借りていったそうです。午後
　　　にもう一度行って確認してみます。
男性：少し急いでいるのですが、できれば B 今もう一度調べてもらえますか？
女性：はい、かしこまりました。

① 知り合いから資料を借りる。
② 資料を探しに資料室にもう一度行く。
③ 他の部署に行って、資料の準備をお願いする。

正解 ②

[A] から、女性は男性が言った資料を準備するために昨日資料室に行ったとわかる。資料を入手できなかったが、今日男性から [B] のように頼まれたのに対してわかったと返事をしている。

単語 □**자료** 資料 □**부서** 部署 □**급하다** 急ぐ

🔊 (1)2-5

[1-5] 다음 대화를 잘 듣고 이어질 수 있는 말을 고르십시오.

1.
① 한 시간이나요?
② 병원에 꼭 가 볼게요.
③ 네, 잊지 말고 해야겠어요.
④ 맞아요, 일어날 시간도 없어요.

2.
① 음식물은 괜찮아요.
② 안 드시는 게 좋습니다.
③ 9시까지 오셔야 합니다.
④ 9시 이전에는 불가능해요.

3.
① 깨끗하지 않아요.
② 쓰레기통에 버릴게요.
③ 다음에 외출할 때 할게요.
④ 그럼 우선 병을 닦아야겠네요.

4.
① 아무래도 가격을 낮출걸 그랬나 봐요.
② 혹시 광고를 하지 않아서 그런 걸까요?
③ 다음번엔 디자인에 더 신경을 써야겠네요.
④ 다음번엔 무엇보다도 성능을 꼭 높여봅시다.

5.
① 응, 아무 일도 없어.
② 응, 동창회가 있거든.
③ 아니, 가족 모임이 있어.
④ 아니, 회사에 안 가도 돼.

[6-9] 다음 대화를 잘 듣고 <u>여자</u>가 이어서 할 행동으로 알맞은 것을 고르십시오.

6.
① 회사에 출근한다.
② 중국집으로 간다.
③ 아이들을 데리고 온다.
④ 저녁 식사를 예약한다.

7.
① 음료수를 마신다.
② 친구를 기다린다.
③ 뒤에 있는 손님의 주문을 받는다.
④ 전화로 먹고 싶은 메뉴를 시킨다.

8.
① 복잡한 문자를 입력한다.
② 영어와 숫자를 잘 조합한다.
③ 할인 쿠폰을 사용해서 물건을 산다.
④ 남자에게 쿠폰 사용법을 가르친다.

9.
① 뒤로 넘어지는 연습을 한다.
② 두 발을 모아서 속도를 줄인다.
③ 엉덩이가 땅에 닿는지 확인한다.
④ 넘어지지 않도록 중심을 잡는다.

[1-5] 次の会話をよく聞いて、後に続く言葉を選びなさい。

1.

> 남자 : 오랫동안 앉아서 컴퓨터만 보니까 A 어깨도 아프고 허리도 아파요.
> 　　　 병원에 갈 시간도 없는데 아파서 큰일이에요.
> 여자 : 아무리 바빠도 한 시간에 한 번 B 꼭 일어나서 스트레칭을 하세요.

男性：長い時間座ってコンピュータばかり見ているので、A 肩も痛いし、
　　　腰も痛いです。病院に行く時間もないのに、痛くて困っています。
女性：どんなに忙しくても1時間に1回、B 必ず立ち上がってストレッチを
　　　してください。

① 1時間もですか？
② 必ず病院に行ってみますね。
③ そうですね。忘れずにやらないといけませんね。
④ そうなんです。立ち上がる時間もないんです。

> **正解** ③
> A のように男性が話したことを聞いて、女性が B のように勧めている。よっ
> て、ストレッチをすると答えている③が正解。

2.

> 여자 : 내일 오전에 검진 예약하셨으니까 오늘은 무리하지 말고 일찍 주무
> 　　　 세요. A 밤 9시 이후에 아무것도 드시면 안 돼요.
> 남자 : 네, B 물도 마시면 안 되나요?

女性：明日の午前中に検診の予約をされているので、今日は無理せずに早く
　　　お休みになってください。🅰️夜9時以降に何も召し上がることはでき
　　　ません。

男性：わかりました。🅱️水も飲んではだめですか。

① 食べ物は大丈夫です。
② お飲みにならないでください。
③ 9時までにいらっしゃらなければなりません。
④ 9時前には不可能です。

正解 ②

女性が言った🅰️に対して男性が🅱️のように確認している。よって、🅱️へ
の返事として適切なのは②となる。

単語　□ 무리하다 無理する

3.

남자 : 이 주스병도 재활용이 되는 거예요?
여자 : 네, 되긴 되는데 🅰️깨끗한 병만 분리수거함에 넣어야 해요.

男性：このジュースのビンもリサイクルできますか？
女性：はい、できることはできますが、🅰️きれいなビンだけを分別回収箱
　　　に入れなければなりません。

① きれいではありません。
② ゴミ箱に捨てます。
③ 今度外出する時にやります。
④ では、まずビンを洗わないといけませんね。

A から分別回収のためにはビンがきれいな状態でなければならないとわか
るので、まずビンを洗うという答えが最も自然である。

単語　□재활용 リサイクル　□분리수거함 分別回収箱

4.

여자: 신제품에 대한 반응은 어때요?
남자: A 저렴한 가격에 비해서 성능이 좋다는 평이 많습니다. B 하지만 디
　　　자인이 아쉽다는 의견도 있었습니다.

女性：新商品に対する反応はいかがですか？
男性：A リーズナブルな価格の割に性能が良いという評価が多いです。
　　　B しかし、デザインが少し残念だという意見もありました。

① どうやら値段を下げればよかったようです。
② もしかして広告をしていないからでしょうか？
③ 次回はデザインにもっとこだわらなければなりませんね。
④ 次回は何よりも必ず性能を高くしてみましょう。

正解 ③
新商品は A のように安い価格を考えると性能は悪くないという良い評判が
あった一方で、B のようにデザインが物足りないという悪い意見もあった。
今後改善する点を返答している③が正解。

単語　□평 評、評判

5.

남자 : 수미야, 난 내일 🅐동창회에 못 갈 것 같아.
여자 : 그래? 또 야근해야 돼?

男性：スミ、僕は明日、🅐同窓会に行けなさそうだよ。
女性：そうなの？　また残業しないといけないの？

① うん、何も用事はないよ。
② うん、同窓会があるんだ。
③ いや、家族の集まりがあるんだ。
④ いや、会社に行かなくてもいいんだ。

正解 ③
🅐から男性は同窓会に行けないことがわかる。同窓会に行けない理由を述べると考えられるため、③が正解。

単語　□**야근하다** 残業する

[6-9] 次の会話をよく聞いて、後に続く<u>女性</u>の行動として適切なものを選びなさい。

6.

남자 : 여보세요, 여보 오늘 오랜만에 애들이랑 다 같이 외식할까? 어제 당신이 중국 음식 먹고 싶다고 했잖아.
여자 : 좋지. 내 생일에 갔던 그 식당 어때? 🅐내가 바로 예약할게.
남자 : 그래, 그럼 애들 데리고 회사 앞으로 와서 같이 갈래?
여자 : 아니, 우리는 바로 식당으로 갈게. 7시에 식당에서 바로 만나.

男性：もしもし。今日久しぶりに子供たちと一緒に外食しようか。昨日きみ
　　　が、中華料理を食べたいと言ってたよね。

女性：いいわね。私の誕生日に行ったあのレストランはどう？　A私がすぐ
　　　予約するわ。

男性：わかった。じゃあ、子供たちを会社の前まで連れてきてもらって、一
　　　緒に行こうか？

女性：いいえ、私たちは直接レストランへ行くわ。7時にレストランで会い
　　　ましょ。

① 会社に出勤する。　　　② 中華料理店に行く。
③ 子供たちを連れてくる。　④ 夕食を予約する。

正解 ④

男性と女性が電話で外食する約束をしている。女性は男性との通話の中で
Aのように言っていることから、④が正解。

単語　□외식하다 外食する　□데리고 오다 連れてくる

7.

남자: 손님, 메뉴 고르셨습니까? 어떤 음료를 드릴까요?
여자: 아, 잠깐만요. A아직 친구가 안 와서 조금 이따 시킬게요.
남자: 그럼 뒤에 계신 분께 먼저 B주문을 받아도 될까요?
여자: 네 그렇게 하세요.

男性：お客様、メニューはお選びいただけましたか？　お飲み物は何にいた
　　　しましょうか。

女性：えっと、ちょっと待ってください。Aまだ友達が来ていないので、
　　　もう少ししてから注文します。

男性：それでは、後ろにいらっしゃる方から先にB注文をお受けしてもよ
　　　ろしいですか？

62

女性：はい、そうしてください。

① 飲み物を飲む。　　　　　　② 友達を待つ。
③ 後ろにいる客の注文を受ける。　④ 電話で食べたいメニューを頼む。

> **正解** ②
> 女性は店で飲み物を注文しようと並んでいたが、友達がまだ来ていないので、
> 次の人に順番を譲っている。Ａから、友達を待ってから注文することがわ
> かるので②が正解。③はＢより、男性がすることだとわかるので誤り。

8.

> 남자: 자, 쿠폰 번호 입력창에 이 종이에 있는 13자리 문자를 입력하면 돼.
> 여자: 와 이거 정말 복잡하다. 영어랑 숫자가 막 섞여 있네.
> 남자: 잘 입력했는지 다시 확인해 봐. 어때? 50% 할인 쿠폰 생긴 거 보여?
> 여자: 응! Ａ오늘은 싸게 살 수 있겠네. 이제 물건을 고르면 되는 거지?

男性：ほら、クーポン番号の入力欄にこの紙にある13桁の文字を入力すれ
　　　ばいいんだよ。
女性：うーん、これって本当に複雑ね。英語と数字がやたらに混ざっている
　　　わ。
男性：ちゃんと入力したかもう一度確認してみて。どう？　50％割引のクー
　　　ポンが出てきたのが見える？
女性：うん！　Ａ今日は安く買えそうね。このあとは、品物を選べばいいの
　　　よね？

① 複雑な文字を入力する。
② 英語と数字をうまく組み合わせる。
③ 割引クーポンを使って品物を買う。
④ 男性にクーポンの使い方を教える。

9.

남자 : 잘했어, 그렇게 두 발을 안쪽으로 모으면 속도가 줄어드니까 멈출 수 있어.

여자 : 응, 스키가 어려울 줄 알았는데 가르쳐 준 대로 하니까 재밌다.

남자 : 자 이제 마지막, 스키는 **A**앞으로 넘어지면 크게 다칠 수 있으니까 뒤로, 엉덩이가 땅에 가장 먼저 닿게 해야 해. 자 한번 해 봐.

여자 : **B**알았어, 보호 장비가 있으니까 안 아프겠지?

男性：いいね。そんな感じで両足を内側に引きつければスピードが落ちるから止まれるよ。

女性：うん、スキーは難しいと思っていたけど、教えてもらった通りにやってみたら面白いね。

男性：じゃあこれで最後だけど、スキーは**A**前に転ぶと大怪我をするかもしれないから後ろにだよ。お尻が一番先に地面に当たるようにしなければならないんだ。さあ、一度やってみて。

女性：**B**わかったわ、プロテクターがあるから痛くないよね？

① 後ろに倒れる練習をする。　② 両足をそろえて速度を落とす。

③ お尻が地面につくか確認する。　④ 転ばないように重心を取る。

正解 ①

男性が女性にスキーを教えている。**A**で、安全に転ぶ方法は後ろに倒れることだと男性が教えており、女性に一度やってみるように言っている。女性は**B**のように言っていることから、倒れる練習をすると考えられるので①が正解。

単語　□**발을 모으다** 足を引きつける（そろえる）
　　　□**멈추다** 止まる、止める　□**닿다** 当たる
　　　□**보호 장비** プロテクター　□**중심을 잡다** 重心を取る

Unit 2　会話1

65

問題［13］［17−19］

問題13と17−19は男性と女性の短い会話を聞いて解く問題です。問題13は男性が女性に情報を知らせるという会話が多く、問題17−19は日常的なテーマの会話です。

問題の種類・ポイント

問題
[13]

会話を聞いて内容と一致するものを選ぶ。

問題13の選択肢は男性についてのものが2つ、女性についてのものが2つ提示されます。男性について話された内容が、選択肢で女性に関することとして提示される場合もあるので注意しましょう。会話を聞きながら間違っている選択肢を消していくとよいでしょう。

問題
[17−19]

会話を聞いて男性の中心となる考えを選ぶ。

男性の考えを選ぶ問題ですが、選択肢の中には女性の言ったことが含まれている場合があります。会話の内容と一致していても、女性の考えであれば誤答となるので注意しましょう。女性は男性と反対の考えを持っている場合が多いです。

🔊 (1)3-1

[13] 다음을 듣고 내용과 일치하는 것을 고르십시오.

次の音声を聞いて内容と一致するものを選びなさい。

13.

> 여자 : 민수야, 너 작년에 심리학 개론 수업 들었지?
> 남자 : 응, A진짜 좋았어. 너도 그 수업 들으려고?
> 여자 : B수강 신청은 했는데 C다른 학과 수업이라 걱정이 돼서.
> 남자 : 그 수업, 내용도 재밌고 어렵지 않아서 괜찮을 거야.

① 여자는 심리학과 학생이다.
② 여자는 수강 신청을 하지 못했다.
③ 남자는 심리학 개론 수업에 만족했다.
④ 남자는 여자와 심리학 개론 수업을 들었다.

〈64회 TOPIK Ⅱ 듣기 13번〉

訳

女性：ミンス、あなた去年、心理学概論の授業を受けたよね？
男性：うん、A本当に良かったよ。きみもその授業を受けようと思っているの？
女性：B受講申請はしたけど、C他の学科の授業だから心配で。
男性：その授業、内容も面白くて難しくないから大丈夫だと思うよ。

① 女性は心理学科の学生だ。
② 女性は受講申請ができなかった。
③ 男性は心理学概論の授業に満足した。
④ 男性は女性と心理学概論の授業を受けた。

〈64回 TOPIK Ⅱ 聞き取り 問13〉

Unit3　会話2

解答・解説
① → **C**で、他の学科の授業だと言っているので女性は心理学科ではない。
② → **B**で、受講申請をしたと言っている。
③ → **A**で、男性は授業が良かったと言っている。正解。
④ → 男性は去年授業を受けたが、女性はまだ授業を受けていない。

単語　□심리학 개론 心理学概論　□수강 신청 受講申請（履修登録）
　　　□만족하다 満足する

─────────────────────────────

🔊)) (1)3-2
[17-19] 다음을 듣고 남자의 중심 생각을 고르십시오.

次の音声を聞いて男性の中心となる考えを選びなさい。

17.

남자: 아무래도 요가 학원에 다녀야겠어. **A**혼자서 운동을 하니까 동작이
　　　맞는지 모르겠고 효과도 없는 것 같아.
여자: 요즘은 인터넷 요가 영상도 많이 있던데, 그걸 보는 건 어때?
남자: 영상만으로는 안 될 것 같아. **B**내 동작이 틀려도 알 수 없잖아.

① 운동을 제대로 배워서 하고 싶다.
② 인터넷의 운동 정보는 도움이 된다.
③ 건강을 위해 꾸준히 운동을 해야 한다.
④ 따라 하기 쉬운 요가 영상을 선택해야 한다.

〈64회 TOPIK II 듣기 17번〉

─────────────────────────────

訳
男性：どう考えてもヨガ教室に通わなきゃ。**A**一人で運動しているから動
　　　作が合ってるかわからないし、効果もないみたい。
女性：最近はネットのヨガ動画もたくさんあるけど、それを見るのはどう？

男性：動画だけではだめだと思う。 B 自分の動作が間違っていてもわから
　　　ないじゃない。

① 運動をきちんと習ってやりたい。
② ネットの運動情報は役に立つ。
③ 健康のために続けて運動をしなければならない。
④ 真似しやすいヨガ動画を選択しなければならない。

〈64回TOPIKⅡ聞き取り 問17〉

解答・解説

A と B の男性の言葉から、一人でする運動は動作を間違えずに正確に行
えているのか確認することが難しいので、男性は教室できちんと学びたい
と思っていることがわかる。よって、①が正解。②と④は女性の言葉のた
め誤答。

単語　□동작 動作　□제대로 しっかり　□꾸준히 絶え間なく

18.

남자 : 수미야, 왜 아무 말도 안 해? 너도 어디 가고 싶은지 말을 해.
여자 : 난 어디든 상관없어. 그냥 여러 사람이 원하는 곳으로 해.
남자 : 모두가 만족할 수 있는 결정을 하려면 A 네 생각도 정확하게 말해 줘
　　　야 해.

① 갈등이 생기면 빨리 해결해야 한다.
② 자신의 생각을 분명하게 말하면 좋겠다.
③ 상대방이 원하는 것을 먼저 하는 게 좋다.
④ 상대방의 입장을 이해하려면 대화가 필요하다.

〈64회 TOPIK Ⅱ 듣기 18번〉

訳

男性：スミ、なんで何も言わないの？　きみもどこに行きたいのか言って。

女性：私はどこでも構わないわ。みんなが希望するところにして。

男性：みんなが満足できるような決定をするためには、A きみの考えも正確に言ってもらわないと。

① 葛藤が生じたら早く解決しなければならない。

② 自分の考えをはっきり言ってほしい。

③ 相手が望むことを先にしたほうがよい。

④ 相手の立場を理解するには対話が必要だ。

〈64回 TOPIK Ⅱ 聞き取り　問18〉

解答・解説

A から、男性は女性が自分の考えを話してくれることを望んでいることがわかる。正解は②。

単語　□정확하게 正確に　□갈등 葛藤　□상대방 相手　□입장 立場

19.

여자: 이거 조금 전에 받은 명함인데요. 디자인이 참 특이하죠?

남자: 그렇네요. 그림이 있는 것도 A 인상적이고요.

여자: 그런데 명함이라고 하기에는 B 정보가 좀 부족한 것 같지 않아요?

남자: 디자인 덕분에 이렇게 C 한 번 더 보게 되니까 전 좋은 것 같아요.

① 이 명함은 디자인이 인상적이어서 좋다.

② 이 명함은 디자인에 더 신경을 써야 한다.

③ 이 명함은 정보를 충분히 넣을 필요가 있다.

④ 이 명함은 명함을 준 사람에 대해 알기 쉽다.

〈64회 TOPIK Ⅱ 듣기 19번〉

訳

女性：これちょっと前にもらった名刺なんですけど。デザインが本当に独
　　　特でしょう？

男性：そうですね。絵があるのも A 印象的ですしね。

女性：でも、名刺というには B 情報がちょっと足りない気がしませんか？

男性：デザインのおかげで、このように C もう一度見るようになるので、
　　　私は良いと思います。

① この名刺はデザインが印象的なので良い。

② この名刺はデザインにもっとこだわるべきである。

③ この名刺は情報を十分に入れる必要がある。

④ この名刺は名刺をくれた人についてわかりやすい。

〈64回TOPIK Ⅱ 聞き取り 問19〉

解答・解説

A と C で、印象的なデザインのおかげでもう一度名刺を見ることになる
ので良いと言っているので①が正解。③は B と一致するが女性の言葉のた
め誤答。

単語　□特이하다 独特だ　□인상적이다 印象的だ　□부족하다 不足だ
　　　□신경을 쓰다 こだわる、神経を遣う

🔊》 (1)3-3

1. 다음을 듣고 질문에 답하십시오.

1

Q1. 마지막 말을 듣고 내용과 일치하는 것을 고르십시오.
① 남자는 겨울옷을 세탁하고 싶어 한다.
② 남자는 여자와 같이 이불을 맡길 것이다.

Q2. 다시 듣고 빈칸을 채우십시오.

> 여자 : 겨울 이불을 세탁하려고 하는데 세탁기가 작아서 안 들어가네요.
> 남자 : 편의점 옆에 세탁소가 새로 생겼는데 개업 기념으로 겨울옷이랑 이불 빨래를 할인해 준대요. 거기에 가 보세요.
> 여자 : 진짜요? 민수 씨도 가 보셨어요?
> 남자 : 저는 내일 퇴근하고 한번 가 보려고요. ＿＿＿＿＿＿＿＿＿야 하거든요.

2

Q1. 마지막 말을 듣고 남자의 중심 생각을 고르십시오.
① 중요한 정보는 책에서 찾는 것이 좋다.
② 책을 읽을 때는 전문가가 쓴 책을 읽어야 한다.

Q2. 다시 듣고 빈칸을 채우십시오.

> 남자 : 수미야, 너 지금 인터넷에서 찾은 자료로 학교 과제를 하는 거야?
> 여자 : 인터넷에는 정보가 많잖아. 검색도 쉽게 할 수 있고.
> 남자 : 인터넷에 정보가 많기는 하지만 사실이 아닌 것도 많아. 중요한 내용은 ＿＿＿＿＿＿＿＿＿ 게 좋을 거야. 책은 전문가가 쓴 거니까 믿을 수 있잖아.

72

3

Q1. 마지막 말을 듣고 남자의 중심 생각을 고르십시오.

① 성격이 잘 맞는 사람을 만나기는 쉽지 않다.

② 사람의 성격은 쉽게 알 수 있는 것이 아니다.

Q2. 다시 듣고 빈칸을 채우십시오.

> 남자: 어제 소개 받은 남자랑 또 만나기로 했어?
>
> 여자: 아니, 너무 말도 없고 잘 웃지도 않아서 같이 있으면 좀 어색하더라고.
> 나랑 성격이 잘 안 맞는 거 같아.
>
> 남자: 처음 만나는 자리라서 그런 걸 수도 있잖아. _____.
> 그러지 말고 몇 번 더 만나봐.

4

Q1. 마지막 말을 듣고 남자의 중심 생각을 고르십시오.

① 여행 책으로 정보를 찾는 것이 더 빠르다.

② 여행 책을 사는 데 돈을 쓰는 것은 좀 아깝다.

Q2. 다시 듣고 빈칸을 채우십시오.

> 여자: 이번 여행 때 들고 갈 여행 안내서를 한 권 사야겠어요.
>
> 남자: 요즘엔 휴대폰으로 검색하면 다 나오니까 책은 필요 없을 것 같은데
> 요. 무거워서 오히려 짐만 되잖아요.
>
> 여자: 인터넷이 안 되는 곳에서는 휴대폰도 소용없죠. 그리고 여행 안내서
> 는 정리가 잘 되어 있잖아요.
>
> 남자: 정리가 잘 되어 있다고 해도 _____.

🔊)) (1)3-4

2. 다음을 듣고 질문에 답하십시오.

1

Q1. 알맞은 것을 2개씩 연결하십시오.

여자는 ·
- · 가. 요즘 도시락으로 식사를 해결한다.
- · 나. 회사일 때문에 많이 바쁘다.
- · 다. 도시락 덕분에 시간을 아낄 수 있었다.

남자는 ·
- · 라. 편의점에서 식사를 하는 일이 많다.

Q2. 들은 내용과 일치하는 것을 고르십시오.
① 여자는 요즘 몸 상태가 좋지 않다.
② 여자는 편의점 음식이 마음에 든다.
③ 남자는 집에서 요리를 해서 먹는다.

2

Q1. 알맞은 것을 고르십시오.

여자는 기계로 주문을 받는 것이	(a) 비용을 줄일 수 있으므로 좋다고 생각한다.
	(b) 비용을 늘릴 수 있으므로 좋다고 생각한다.

Q2. 남자의 중심 생각을 고르십시오.
① 기계로 주문을 하는 방법은 별로 어렵지 않다.
② 기계로 주문을 받으면 비용을 줄일 수 있어서 좋다.
③ 기계로 주문받는 것이 모든 사람에게 편한 것은 아니다.

 練習① 基本練習　訳と解答

1. 次の音声を聞いて質問に答えなさい。

1

Q1. 最後の言葉を聞いて内容と一致するものを選びなさい。
① 男性は冬服を洗濯したいと思っている。
② 男性は女性と一緒に布団を出すつもりだ。

Q2. もう一度聞いて空欄を埋めなさい。
女性：冬布団を洗濯しようと思っているんですけど、洗濯機が小さくて入らないんですよ。
男性：コンビニの隣にクリーニング店が新しくできたんですけど、オープン記念に冬服と布団の洗濯物を割引してくれるそうです。そこに行ってみてください。
女性：本当ですか？　ミンスさんも行かれましたか？
男性：私は明日退勤してから一度行ってみようと思っています。＿＿＿＿＿＿＿＿＿＿＿＿＿なければならないんですよ。

Unit 3　会話2

Q1. ①
冬物のコートを出すと述べているので、冬服を洗濯したいということがわかる。男性は明日、布団ではなくコートを出しに一人で行くと言っているので②は誤答。
Q2. 겨울코트를 맡겨　冬物のコートを出さ

単語　□개업　開業　□기념　記念　□맡기다　預ける（クリーニングに出す）

2

Q1. 最後の言葉を聞いて男性の中心となる考えを選びなさい。
① 重要な情報は本で探すのがよい。
② 本を読む時は専門家が書いた本を読まなければならない。

Q2. もう一度聞いて空欄を埋めなさい。

男性：スミ、きみは今ネットで探した資料で学校の課題をしているの？

女性：ネットには情報が多いでしょ。検索も簡単にできるし。

男性：ネットには情報が多いけど、事実でないことも多いよ。重要な内容は＿＿＿＿＿＿＿＿＿＿＿＿がいいと思う。本は専門家が書いたものだから信用できるじゃないか。

> **Q1.** ①
> 本を参考にするというのは本でその情報を探すという意味なので①が正解。
> **Q2.** 책을 참고하는 本を参考にするの
>
> 単語　□검색 検索　□참고하다 参考にする　□자료 資料

3

Q1. 最後の言葉を聞いて男性の中心となる考えを選びなさい。

① 性格がよく合う人に出会うのは容易ではない。

② 人の性格は簡単にわかるものではない。

Q2. もう一度聞いて空欄を埋めなさい。

男性：昨日、紹介してもらった男性とまた会うことにしたの？

女性：ううん、あまりにも無口で、ほとんど笑わないから、一緒にいるとちょっと居心地悪かったの。私と性格があまり合わないみたい。

男性：初めて会った席なんだからそういうこともあるじゃない。＿＿＿＿＿＿＿＿＿＿＿＿。そう言わないで、何度か会ってみたら。

> **Q1.** ②
> 一度会っただけでは性格はわからないと言っているので、性格は簡単にわからないという②が正解。
> **Q2.** 한 번 보고 성격을 어떻게 알 수 있겠어 一度会っただけで性格がわかるはずないよ
>
> 単語　□어색하다 居心地悪い

4

Q1. 最後の言葉を聞いて男性の中心となる考えを選びなさい。

① ガイドブックで情報を探したほうがより早い。

② ガイドブックを買うのにお金を使うのは少しもったいない。

Q2. もう一度聞いて空欄を埋めなさい。

女性：今度の旅行の時に持って行くガイドブックを一冊買ったほうがいいで
　　　すね。

男性：最近は携帯電話で検索すれば全部出てくるから、本は要らないと思い
　　　ますけど。重くてむしろ荷物になるだけじゃないですか。

女性：ネットが使えないところでは携帯電話も役に立ちませんよ。それにガ
　　　イドブックはきちんと（内容が）整理されているじゃないですか。

男性：整理がちゃんとされているとしても＿＿＿＿＿＿＿＿＿＿。

Q1. ②

男性はガイドブックを買うことはお金の無駄のような気がすると言ってい
るので、本を買うお金がもったいないと言っている②が正解。

Q2. 한 번 보고 말건데 돈 낭비 같아요 一度読んだら終わりなので、お金の
　　無駄のような気がします

単語　□짐 荷物　□소용없다 無駄だ　□낭비 無駄遣い（浪費）

---

2. 次の音声を聞いて質問に答えなさい。

1

여자：요즘 회사일이 바빠서 밥 먹을 시간이 없네. 항상 편의점에서 대충
　　　먹다보니 A건강이 안 좋아진 것 같아.

남자：도시락을 매일 배달해주는 곳이 있는데 알려줄까? B얼마 전부터
　　　시켜서 먹고 있는데 괜찮은 것 같아.

女性：最近会社の仕事が忙しくてご飯を食べる時間がないのよ。いつもコン
　　　ビニで適当に済ませているから、A 健康じゃなくなったような気が
　　　する。
男性：お弁当を毎日デリバリーしてくれるところがあるんだけど、教えてあ
　　　げようか。B この前から頼んで食べているけど、なかなかいいと思う。
女性：ちょうど C コンビニの食べ物に飽きてきて何を食べればいいか悩ん
　　　でいたんだけど、よかった。値段は高くない？
男性：コンビニの食べ物より高いことは高いけど、もっとおいしいよ。料理
　　　しなくてもいいから時間が節約できるし。

Q1. 適切なものを 2 つずつつなげなさい。

女性は・
　　　　　　　　・가. 最近お弁当で食事を済ませている。
　　　　　　　　・나. 会社の仕事で非常に忙しい。
　　　　　　　　・다. お弁当のおかげで時間が節約できた。
男性は・
　　　　　　　　・라. コンビニで食事をすることが多い。

Q2. 聞いた内容と一致するものを選びなさい。
① 女性はこの頃体調がよくない。
② 女性はコンビニの食べ物を気に入っている。
③ 男性は家で料理をして食べる。

Q2. ①

Aで、健康じゃなくなったと言っているので、体調が良くないことがわかる。Bで、コンビニの食べ物に飽きたと言っているので、食べたがっていないことがわかる。Cで、男性は最近弁当をデリバリーして食べていると言っている。

単語　□질리다 飽きる　□절약 節約

2

남자: 요즘 식당이나 커피숍들은 사람이 주문을 받지 않고 다 기계로 주문을 받더라. 기계가 익숙하지 않은 A노인들은 많이 불편할 것 같아.

여자: 하지만 가게에서는 주문받는 사람이 없어도 되니까 인건비를 절약할 수 있을 거야.

남자: 가게에서는 인건비를 아낄 수 있으니까 도움이 되겠지만 B불편해하는 손님들도 많은 것 같아.

男性：最近のレストランやコーヒーショップは人が注文を受けずにすべて機械で注文を受けているよね。機械に慣れていないAお年寄りはとても不便だと思う。

女性：でも、お店では注文を受ける人がいなくてもいいから、人件費の節約になるでしょう。

男性：お店は人件費の節約になるから役に立つだろうけど、B不便に思うお客さんも多いと思うよ。

Q1. 適切なものを選びなさい。

女性は機械で注文を受けるのが

(a) コストを減らすことができるので良いと思っている。

(b) コストを増やすことができるので良いと思っている。

Q2. 男性の中心となる考えを選びなさい。

① 機械で注文する方法はあまり難しくない。

② 機械で注文を受ければ、コストを減らすことができるので良い。

③ 機械で注文を受けるのが誰にとっても楽なわけではない。

Q1. (a)

女性は、お店に注文を受ける人がいなければ、人件費、つまり人を使うのに必要な費用が節約できると言っている。

Q2. ③

A と B で、機械で注文を受けていることを不便に思う人がいると言っているので③が正解。

単語 □인건비 人件費 □비용 費用

 練習② 実戦練習

🔊)) (1)3-5

1. 다음을 듣고 내용과 일치하는 것을 고르십시오.
① 여자는 티비에 나온 식당의 음식을 주문했다.
② 여자는 부산에 있는 식당에 남자와 같이 갈 것이다.
③ 남자는 티비에 나온 식당에 직접 가서 음식을 사왔다.
④ 남자는 유명한 식당의 음식을 집에서 요리한 적이 있다.

[2-4] 다음을 듣고 남자의 중심 생각을 고르십시오.

2.
① 아무리 노력을 해도 안 되는 일이 있다.
② 재능이 있으면 노력 없이도 성공할 수 있다.
③ 한 번 시도해보고 안되면 바로 포기하는 것이 좋다.
④ 무슨 일이든지 포기하지 않으면 좋은 결과를 얻는다.

3.
① 상황에 맞게 아이를 대해야 한다.
② 항상 같은 태도로 아이를 대해야 한다.
③ 아이가 떼를 쓰면 가만히 있어야 한다.
④ 아이가 원하는 것을 들어주는 것이 좋다.

4.
① 심한 감기는 약을 먹는 것이 좋다.
② 시간이 지나면 감기는 저절로 낫는다.
③ 감기에 걸렸을 때는 바로 병원에 가야 한다.
④ 약을 먹는 것보다 푹 쉬는 것이 감기가 빨리 낫는다.

Unit 3

会話
2

1. 次の音声を聞いて内容と一致するものを選びなさい。

> 여자: 요즘은 유명한 식당들의 음식을 집에서 편하게 먹을 수 있다면서?
> 남자: 맞아. 음식 재료를 택배로 보내주니까 **A** 집에서 그대로 요리하기만
> 　　　하면 되더라.
> 여자: 그래? 어제 티비에 나온 떡볶이가 맛있어 보이던데 잘됐다.
> 남자: 아, 부산에 있는 식당말이지? 지난주에 **B** 나도 주문해서 먹어봤는
> 　　　데 정말 맛있었어.

女性：最近は有名な食堂の料理を家で気軽に食べられるんだって？
男性：そうだよ、食材を配送してくれるから、**A** 家でそのまま調理（料理）
　　　するだけだったよ。
女性：そう？　昨日テレビに出ていたトッポッキがおいしそうだったんだけど、
　　　よかった。
男性：あ、釜山にある食堂のことだよね？　先週、**B** ぼくも注文して食べて
　　　みたけど、本当においしかったよ。

① 女性はテレビに出た食堂の食べ物を注文した。
② 女性は釜山にある食堂に男性と一緒に行くつもりだ。
③ 男性はテレビに出た食堂に直接行って食べ物を買ってきた。
④ 男性は有名な食堂の食べ物を家で料理したことがある。

---

1. ④
① → まだ注文していない。
② → 釜山にある食堂の料理を宅配便で注文しようと思っている。
③ → **B** で、宅配サービスで頼んで食べたと言っている。
④ → **A** と **B** から、注文して家で料理して食べたということがわかる。

単語　□**재료** 材料　□**택배** 宅配便

[2-4] 次の音声を聞いて男性の中心となる考えを選びなさい。

2.

> 남자 : 너 이번 오디션도 떨어지면 그만 포기하고 취직하는 게 어때?
> 여자 : 안 돼. 내가 이 시험을 얼마나 오랫동안 준비했는데. 이번엔 예감이
> 　　　좋아.
> 남자 : 하지만 자신에게 맞는 길이 아니면 포기하는 게 맞다고 생각해. 노력
> 　　　보다는 재능이 필요한 일도 있는 법이잖아.

男性：今回のオーディションにも落ちたら、もうあきらめて就職したらどう？
女性：だめよ。私がこのテストのためにどれだけ長い間準備したと思うの？ 今
　　　回はいい予感がするのよ。
男性：でも、自分に合った道じゃなかったら、あきらめるのが正解だと思う。
　　　努力より才能が必要だってこともあるじゃない。

① いくら努力してもできないことがある。
② 才能があれば努力なしでも成功できる。
③ 一度試してみて、だめならすぐあきらめたほうがよい。
④ 何事もあきらめなければ良い結果が得られる。

2. ①
男性は、努力よりも才能が重要な場合もあると言っている。したがって努
力をしてもできないことがあり得ると言っている①が正解。

単語　□포기하다 あきらめる　□취직하다 就職する　□예감 予感
　　　□재능 才能

3.

남자: 여보, 아까 같이 아이가 떼를 쓴다고 다 들어 주지 마. 집에서는 안 그러면서 왜 밖에만 나가면 그래?

여자: 하지만 사람들도 다 쳐다보고 아이가 시끄럽게 굴면 남한테 피해를 주잖아.

남자: 그렇지만 집에 있을 때하고 밖에 있을 때 기준이 다르면 아이가 혼란을 느껴서 더 떼를 쓸 거야.

男性: あのさ、さっきみたいに子供が駄々をこねるからといって、全部聞いてあげたらだめだよ。家ではそうしないのに、外に出るとどうしてそうなの？

女性: だって、みんな見ているし、子供が騒いでいると、人に迷惑をかけるじゃない。

男性: でも、家にいる時と外にいる時の基準が違うと子供が混乱してもっと駄々をこねると思うよ。

① 状況に合わせて子供に接しなければならない。
② いつも同じ態度で子供に接しなければならない。
③ 子供が駄々をこねたらじっとしていなければならない。
④ 子供が望むことを聞いてあげたほうがよい。

---

3. ②

男性は子供に対する女性の態度が家の中と外で違うことに怒っている。したがって、同じ態度で子供に接しなければならないという②が正解。

単語　□떼를 쓰다 駄々をこねる　□시끄럽게 굴다 騒ぐ　□기준 基準
　　　□혼란 混乱

4.

> 여자 : 이번 감기는 이상하게 잘 낫지 않네요. 내일은 집에서 좀 쉬어야겠어요.
> 남자 : 병원에 가 봤어요? 약을 먹었는데도 안 낫는 거예요?
> 여자 : 감기는 보통 며칠 쉬면 나으니까 약을 안 먹었어요.
> 남자 : 감기가 오랫동안 낫지 않으면 병원에 가야죠. 물론 시간이 지나면 저절로 낫는 경우도 있지만 약을 먹어야 낫는 감기도 있으니까요.

女性：今回の風邪はどうしたわけかよくならないんですよ。明日は家で少し休まなければなりません。
男性：病院に行ってみましたか。薬を飲んだのに治らないんですか。
女性：風邪はいつも数日休めば治るから薬を飲まなかったんです。
男性：風邪が長引くと病院に行かなければなりませんよ。もちろん時間が経てば自然に治ることもありますが、薬を飲んでこそ治る風邪もありますからね。

① ひどい風邪は薬を飲んだほうがよい。
② 時間が経てば風邪は自然に治る。
③ 風邪を引いた時はすぐ病院に行かなければならない。
④ 薬を飲むよりゆっくり休んだほうが、風邪が早く治る。

---

4. ①
男性はすべての風邪が自然に治るわけではないと言い、薬を飲んでこそ治る風邪もあると言っている。

単語　□**낫다** 治る　□**저절로** 自然に

Unit 4 会話3

問題［21-22］［23-24］［27-28］

問題21-22、問題23-24、そして問題27-28は男性と女性の会話を聞いて解く問題で、1つの会話につき設問が2つあります。このタイプの問題では、男性と女性が会話をする目的や意図を把握しなければなりません。

問題の種類・ポイント

問題[21]
会話を聞いて男性の中心となる考えとして適切なものを選ぶ。
日常のさまざまな状況についての会話の中で、男性が自分の考えを話す部分を聞き取ります。女性の意見が誤答として提示されることがあるので注意しましょう。

問題[23]
会話を聞いて男性（女性）が何をしているか適切なものを選ぶ。
男性（女性）が自分に起きた問題を解決するために相手に尋ねている状況の会話です。どのような状況なのか注意して聞き取りましょう。会話の初めに目的を話すことが多いです。

問題[27]
会話を聞いて女性（男性）が男性（女性）に話す意図を選ぶ。
日常的な会話が流れます。問題で問われている意図は会話の最後に提示されることが多いので注意して聞き取りましょう。

問題[22][24][28]
会話の内容として適切なものを選ぶ。
このUnit 4で扱うタイプの会話問題は、設問の2問目が会話の内容として適切なものを選ぶ問題です。話の詳細をメモするなどして、音声を聞き取るとよいでしょう。

🔊)) (1)4-1

[21-22] 다음을 듣고 물음에 답하십시오.

次の音声を聞いて質問に答えなさい。

> 남자: Ａ최근 조사 자료를 보면 여행객들이 호텔을 선택할 때 가장 많이 참고하는 게 이용 후기라고 해요.
> 여자: 맞아요. 우리도 후기 관리에 더 신경을 써야 할 것 같아요. Ｂ우리 호텔은 고객 만족도는 높은 데 비해 이용 후기는 적은 편이잖아요.
> 남자: Ｃ그래서 고객들에게 후기 작성에 대해 적극적으로 알려야 할 것 같 아요. 후기를 많이 남길 수 있도록 하는 이벤트도 해 보고요.
> 여자: 좋네요. 그럼 어떤 이벤트가 좋을지 한번 생각해 봐요.

21. 남자의 중심 생각으로 알맞은 것을 고르십시오.
① 여행객들의 성향을 조사해야 한다.
② 고객 만족도를 높이는 것이 우선이다.
③ 이용 후기를 늘릴 수 있도록 해야 한다.
④ 후기 분석을 적극적으로 할 필요가 있다.

22. 들은 내용으로 맞는 것을 고르십시오.
① 이 호텔에서는 후기 작성 이벤트를 하고 있다.
② 남자는 호텔과 관련된 자료를 조사할 예정이다.
③ 이 호텔을 이용한 고객들은 후기를 많이 남겼다.
④ 여자가 일하는 호텔은 고객 만족도가 높은 편이다.

〈64회 TOPIK Ⅱ 듣기 21-22번〉

訳
男性: Ａ最近の調査資料を見ると、旅行客がホテルを選ぶときに最も多く
参考にするのが利用者のレビューだそうです。

女性：そうですよ。私たちもレビュー管理にもっと気を遣わなければなら
　　　ないと思います。B私たちのホテルは顧客満足度が高いのに比べて、
　　　利用者のレビューは少ないほうじゃないですか。
男性：Cだから、お客様にレビューの作成について積極的に宣伝する必要
　　　があると思います。レビューをたくさん書いていただくためのイベ
　　　ントもしてみましょう。
女性：いいですね。では、どんなイベントがいいか一度考えてみましょう。

21. 男性の中心となる考えとして適切なものを選びなさい。
① 旅行客の傾向を調べなければならない。
② 顧客満足度を高めることが優先である。
③ 利用者のレビューが増えるようにしなければならない。
④ レビュー分析を積極的に行う必要がある。

22. 聞いた内容として正しいものを選びなさい。
① このホテルではレビュー作成イベントを行っている。
② 男性はホテルに関する資料を調べる予定である。
③ このホテルを利用した顧客はレビューをたくさん残した。
④ 女性が働くホテルは顧客満足度が高いほうである。

〈64回 TOPIK Ⅱ 聞き取り 問21-22〉

解答・解説
21.
男性はCで、顧客がレビューを作成するよう積極的に広報し、イベントを
行うべきだと言っている。このことを利用者のレビューが増えるようにす
べきだと言い換えている③が正解。
22.
① → Cから、ホテルのイベントはまだ始まっていないとわかる。
② → Aから、男性はすでに調査を終えた資料を見ていることがわかる。
③ → Bで、顧客はレビューをあまり書かないと言っている。
④ → Bで、顧客は満足度が高いと言っている。正解。

単語　□이용 후기 利用者のレビュー　□성향（人の）傾向
　　　□고객 만족도 顧客満足度　□작성 作成

[23-24] 다음을 듣고 물음에 답하십시오.

次の音声を聞いて質問に答えなさい。

여자: 여보세요. A제가 운전면허증을 잃어버려서 다시 발급을 받고 싶은
데요. 어떻게 하면 되나요?

남자: 운전면허 시험장으로 오시면 당일에 받을 수 있습니다. 오실 때 신분
증을 꼭 챙겨 오셔야 하고요.

여자: B인터넷으로는 신청이 안 되나요? C면허 시험장이 너무 멀어서요.

남자: 인터넷으로도 가능합니다. D신청하실 때 가까운 경찰서를 지정해
서 면허증을 받으시면 돼요. 그런데 E시간은 두 주 정도 걸립니다.

---

23. 여자는 무엇을 하고 있는지 고르십시오.

① 면허증 재발급 방법을 문의하고 있다.

② 면허증 재발급 기간을 확인하고 있다.

③ 면허 시험장의 위치를 알아보고 있다.

④ 면허증 발급을 위한 서류를 요청하고 있다.

24. 들은 내용으로 맞는 것을 고르십시오.

① 경찰서에서도 면허증을 받을 수 있다.

② 여자는 인터넷으로 신청서를 제출했다.

③ 여자는 면허 시험장에서 가까운 곳에 있다.

④ 인터넷을 이용하면 당일에 면허증 발금이 가능하다.

〈64회 TOPIK Ⅱ 듣기 23-24번〉

訳

女性：もしもし。A(私が) 運転免許証をなくしてしまったので、再発行
してもらいたいのですが。どうすればいいですか？

男性：運転免許試験場にお越しいただければ、当日お受け取りいただけます。
お越しになるとき、身分証明書を必ずお持ちください。

女性：B ネットでは申請ができないんですか？ C 免許試験場があまりに
　　　も遠いので。

男性：ネットでも可能です。D 申請されるとき、お近くの警察署を指定し
　　　て免許証をお受け取りいただけます。ですが、E 時間は2週間ほど
　　　かかります。

23. 女性が何をしているのか選びなさい。
① 免許証の再発行方法を問い合わせている。
② 免許証の再発行期間を確認している。
③ 免許試験場の位置を調べている。
④ 免許証発行のための書類を要請している。

24. 聞いた内容として正しいものを選びなさい。
① 警察署でも免許証を受け取ることができる。
② 女性はネットで申請書を提出した。
③ 女性は免許試験場から近いところにいる。
④ ネットを利用すれば、当日に免許証発行が可能である。

〈64回 TOPIK II 聞き取り　問23-24〉

解答・解説

23.

最初に女性はなくした免許証を再発行したいと言い、その方法を尋ねてい
るので、①が正解。

24.

① → D で、警察署でも免許証を受け取ることができると言っている。正解。
② → A と B から、女性はまだ申請書を提出していないことがわかる。
③ → C から、女性は免許試験場から遠いところに住んでいることがわかる。
④ → E から、2週間ほどかかることがわかる。

単語　□발급 発行　□당일 当日　□지정하다 指定する
　　　□챙겨 오다 持ってくる

[27-28] 다음을 듣고 물음에 답하십시오.

次の音声を聞いて質問に答えなさい。

남자: 이번에 김 과장님도 육아 휴직을 신청했대요. A요즘 우리 회사 남
     자 직원들 중에 육아 휴직을 신청하는 사람들이 점점 많아지고 있어
     요.
여자: 그러게요. B제도가 바뀌면서 휴직 기간 동안 월급도 주고 경력 인
     정도 되니까 예전보다 신청에 대한 부담이 적어진 거겠죠.
남자: 제 생각엔 남성 육아를 긍정적으로 보는 시각이 많아진 게 큰 이유인
     것 같아요. C정부나 회사에서 남성 육아를 권장하기도 하고요.
여자: 하긴 요즘 분위기가 많이 달라진 것 같긴 해요.

27. 남자가 여자에게 말하는 의도를 고르십시오.
① 남성 육아의 필요성을 일깨우기 위해
② 남성 육아를 위한 제도를 설명하기 위해
③ 남성 육아의 문제점에 대해 지적하기 위해
④ 남성 육아에 대한 인식 변화를 말하기 위해

28. 들은 내용으로 맞는 것을 고르십시오.
① 남자의 회사에는 육아 휴직 신청자가 없다.
② 육아 휴직을 해도 경력을 인정받을 수 있다.
③ 육아 휴직 기간에는 월급이 지급되지 않는다.
④ 정부에서는 육아 휴직 제도의 시행을 준비하고 있다.

〈64회 TOPIK II 듣기 27-28번〉

訳
男性：今回、キム課長も育児休業を申請したそうです。A最近、わが社の
     男性社員の中で育児休業を申請する人がますます多くなっています。
女性：そうですね。B制度が変わり休業期間中に給与も支給され、経歴認
     定もできるので、以前より申請に対する負担が少なくなったのもあ
     るでしょう。

Unit 4

会話
3

男性：私の考えでは、男性の育児を肯定的に捉えることが多くなったのが大きな理由だと思います。**C** 政府や会社で男性の育児を勧めたりもしていますし。

女性：確かに最近雰囲気がずいぶん変わったような気がします。

27. 男性が女性に話す意図を選びなさい。
① 男性の育児の必要性を悟らせるため
② 男性の育児のための制度を説明するため
③ 男性の育児の問題点を指摘するため
④ 男性の育児に対する認識の変化を語るため

28. 聞いた内容として正しいものを選びなさい。
① 男性の会社には育児休業申請者がいない。
② 育児休業をしても経歴が認められる。
③ 育児休業期間には給与が支給されない。
④ 政府では育児休業制度の施行の準備をしている。

〈64回 TOPIK Ⅱ 聞き取り 問27-28〉

解答・解説

27.
男性は男性の育児を肯定的に捉えることが多くなったのが大きな理由だと話し、男性の育児に対する人々の認識が変化したと言っているので、④が正解。

28.
① → **A** から、最近育児休業申請者が多くなったことがわかる。
② → **B** で、経歴を認めてもらえると話している。正解。
③ → **B** で、給料も支給されると話している。
④ → **C** で、政府は育児休業制度を勧めていると言っているが、施行については話していない。

単語　□육아 휴직 育児休業　□경력 経歴　□권장하다 勧める
　　　□인식 認識

練習① 基本練習

🔊)) (1)4-4

1. 다음을 듣고 질문에 답하십시오.

1

Q1. 남자의 중심 생각을 고르십시오.

① 신입생 환영회는 장점보다 단점이 많다.

② 신입생 환영회는 학교생활에 도움이 된다.

Q2. 다시 듣고 빈칸을 채우십시오.

> 여자: 우리 신입생 환영회를 따로 안 하면 좋겠어. 매년 술만 많이 마시고 늦게까지 너무 피곤한 것 같아. 준비하는 사람들도 너무 힘들고.
>
> 남자: 그래? 그래도 작년 신입생 환영회로 새내기들을 많이 알게 되지 않았어? 잘 모르던 동기들하고 이야기도 해보고 난 좋았는데. 다 같이 모이기 어려운 대학교에서 신입생 환영회도 없으면 _____
> _____.

2

Q1. 남자의 중심 생각을 고르십시오.

① 중고를 사는 것은 경제적이다.　② 검증된 곳에서 물건을 사야 한다.

Q2. 다시 듣고 빈칸을 채우십시오.

> 여자: 새로 알게 된 중고 물품 판매 사이트인데 정말 좋아요. 친구가 소개해 줬는데 휴대폰도 20만 원이나 싸게 살 수 있어요.
>
> 남자: 네, 그런데 이런 곳에서 물건을 사도 괜찮을까요? 조금 비싸더라도 저는 _____. 제 친구는 비슷한 사이트에서 물건을 샀는데 금방 고장이 나서 오히려 돈을 더 많이 썼어요. 검증되지 않은 사이트니까 고장이 나도 어디에서도 도움을 받을 수 없더라고요.

Unit 4　会話 3

3

Q1. 남자의 중심 생각을 고르십시오.

① 책을 구입해서 보는 것이 좋다.　　② 도서관을 통해서 책을 보는 것이 좋다.

Q2. 다시 듣고 빈칸을 채우십시오.

> 여자: 책을 또 샀어요? 도서관에도 있을 텐데…… . 그냥 빌려보세요.
>
> 남자: 아, 도서관에도 같은 책이 있기는 하지만, 전 밑줄을 그으면서 보고 싶은 걸요. 빌린 책을 그렇게 읽을 수 없잖아요. 그리고 좋은 책을 많이 사야 글 쓰는 사람들도 돈을 벌죠. 빌려보는 것도 좋지만 그래도 _____ .

4

Q1. 남자는 무엇을 하는지 고르십시오.

① 기숙사에서 새로운 원룸으로 이사를 하고 있다.

② 학교 근처의 이사할 수 있는 새로운 방을 찾고 있다.

Q2. 다시 듣고 빈칸을 채우십시오.

> 남자: 안녕하세요? 혹시 _____ 원룸이 있을까요? 건물은 오래되어도 괜찮아요. 지금은 기숙사에 살고 있는데 곧 방학이라 방을 빼야 해서요. 아, 그리고 제가 한국대학교 학생인데 학교에서 걸어 다닐 수 있으면 더 좋을 것 같아요.
>
> 여자: 비싸지 않은 원룸이라…… 원룸은 많지 않은데, 혹시 오피스텔은 어떠세요? 지난주에 오피스텔이 몇 개 들어왔거든요.

5

Q1. 남자는 무엇을 하는지 고르십시오.

① 사은품의 배송에 대해서 묻고 있다.

② 구매한 제품의 배송에 대해서 묻고 있다.

Q2. 다시 듣고 빈칸을 채우십시오.

남자: 여보세요? 제가 지난주에 한국전자 사이트에서 냉장고를 주문했는 데요. 지난 금요일에 냉장고는 도착했는데, 냉장고를 사면 ＿＿＿＿＿ ＿＿＿＿＿＿＿ 오지 않아서 전화 드렸어요.

여자: 그렇습니까 고객님? 실례지만 성함과 전화번호를 말씀해 주시겠습 니까? 바로 확인해 보도록 하겠습니다.

6

Q1. 남자가 말하는 의도를 고르십시오.
① 여자의 상황을 위로하기 위해　　② 여자의 문제점을 지적하기 위해

Q2. 다시 듣고 빈칸을 채우십시오.

여자: 아, 나 오늘 지하철에 지갑을 두고 내렸어.

남자: 또? 벌써 몇 번째야? 지난번에는 식당에 휴대폰을 놓고 와서 며칠 동안 고생했잖아. 왜 물건을 사용한 후에 ＿＿＿＿＿＿＿＿＿＿? 쓰 고 나서 꼭 가방에 넣으라고 내가 몇 번을 말했어?

7

Q1. 남자가 말하는 의도를 고르십시오.
① 여자가 말한 프로그램의 정보를 얻기 위해
② 여자가 제안한 프로그램에 참여하기 위해

Q2. 다시 듣고 빈칸을 채우십시오.

여자: 학교 게시판에 붙어 있는 포스터 봤어요? 이번 방학에 농어촌 아이 들을 위해서 봉사활동을 갈 학생을 모집하고 있대요. 좋은 활동인 것 같아서 신청하려고 하는데 같이 갈래요?

남자: 네, 저도 봤어요. 농어촌 아이들을 만나서 공부방도 운영하고 여러 가지 활동도 함께 하는 프로그램이지요? 재미있을 것 같긴 한데 _____?

Q1. 여자가 말하는 의도를 고르십시오.
① 검사를 받을 것을 권유하기 위해
② 진통제가 어디에 있는지 묻기 위해

Q2. 다시 듣고 빈칸을 채우십시오.

남자: 또 이러네. 요즘 뭐만 먹으면 속이 너무 쓰리다. 어제 산 진통제가 어디 있지? 혹시 진통제 봤어?
여자: 진통제? 글쎄, 책상 위에 있던 것 같은데. 또 진통제를 먹으려고? 그러지 말고 병원에 한번 가보자. 매번 진통제만 먹는 것보다 진짜 어디 문제가 있는 건 아닌지 _____ 좋을 것 같아.

🔊)) (1)4-5
2. 다음을 듣고 질문에 답하십시오.

Q1. 들은 내용과 맞으면 ○, 틀리면 × 하십시오.
가. 이 동네에는 큰 쇼핑몰이 있다. (   )
나. 이 동네에는 편의 시설이 많지 않다. (   )
다. 쇼핑몰이 들어오면 동네 가게가 어려워진다. (   )

Q2. 남자의 중심 생각으로 알맞은 것을 고르십시오.
① 동네에 편의 시설이 더 필요하다.
② 쇼핑몰이 생기면 경제가 살아난다.
③ 지역 경제를 고려하여 개발해야 한다.

2

Q1. 두 사람은 어디에서 대화하고 있습니까? 대화를 듣고 고르십시오.
① 은행   ② 사무실   ③ 카드 회사

Q2. 남자는 무엇을 하고 있습니까?
① 직장에 취직하기 위해 면접을 본다.
② 통장을 개설하기 위해서 알아보고 있다.
③ 통장으로 거래하기 위해 정보를 얻고 있다.

3

Q1. 남자가 여자에게 말하는 의도를 고르십시오.
① 인기 있는 영화의 특징을 설명하기 위해
② 여자가 예매한 영화가 지루함을 비난하기 위해
③ 다양한 영화가 생산되어야 하는 이유를 설명하기 위해

Q2. 들은 내용으로 맞는 것을 고르십시오.
① 오늘 본 영화는 남자가 예매하였다.
② 이 영화의 마지막에는 주인공이 도로를 달린다.
③ 여자는 인기 많은 영화를 보지 않은 것을 후회한다.

4

Q1. 여자가 남자에게 말하는 의도를 고르십시오.
① 주식 투자의 위험성을 지적하기 위해
② 남자에게 주식 투자를 권유하기 위해
③ 주식 투자에 대한 정보를 얻기 위해

Q2. 들은 내용으로 맞는 것을 고르십시오.
① 남자는 가족에게서 주식에 대한 정보를 얻었다.
② 여자와 남자는 주식 투자에 대해서 잘 알고 있다.
③ 최근에 주식 투자와 관련된 책들이 많이 출판되었다.

練習① 基本練習　訳と解答

1. 次の音声を聞いて質問に答えなさい。

1

Q1. 男性の中心となる考えを選びなさい。

① 新入生歓迎会は長所より短所が多い。

② 新入生歓迎会は学校生活に役立つ。

Q2. もう一度聞いて空欄を埋めなさい。

女性：新入生歓迎会をわざわざやらなくてもいいと思う。毎年お酒ばかりた
　　　くさん飲んで、遅くまでやって、あまりにも疲れるだけよ。準備する
　　　人たちもとても大変だし。

男性：そうかな？　そうだとしても、去年の新入生歓迎会で新入生のことを
　　　たくさん知ったんじゃない？　あまり知らなかった同期と話もできて、
　　　ぼくは良かったけど。みんなで集まるのが難しい大学で新入生歓迎会
　　　もなければ＿＿＿＿＿＿＿＿＿＿。

Q1. ②

男性は新入生歓迎会のさまざまな長所について説明しているので正解は②。
新入生歓迎会が長所より短所が多いと思っているのは女性。

Q2. 서로 알고 지내기 어려울 것 같아 互いに知り合うのは難しいと思うよ

単語　□**새내기** 新入生、大学1年生　□**신입생** 新入生　□**환영회** 歓迎会

2

Q1. 男性の中心となる考えを選びなさい。

① 中古を買うのは経済的だ。

② 信用できるところで品物を買わなければならない。

Q2. もう一度聞いて空欄を埋めなさい。

女性：新しく知った中古品販売サイトなんですが、本当にいいですよ。友人
　　　が紹介してくれたんですが、携帯電話も20万ウォンも安く買えます。

男性：そうですか。ところでそんなところで品物を買っても大丈夫でしょう
　　　か？ 少し高くても私は＿＿＿＿＿＿＿＿＿＿。私の友達は似たよう
　　　なサイトで品物を買いましたが、すぐ故障してむしろお金をもっと使っ
　　　てしまいました。信用できないサイトなので故障してもどこからも助
　　　けてもらえなかったと言っていました。

> **Q1.** ②
> 男性は中古品販売サイトを利用することの危険性について説明しているので、
> 正解は②。中古を買うのが経済的だと考えている人は女性。
> **Q2.** 매장에서 사는 게 좋은 것 같아요 店で買ったほうがいいと思います
>
> 単語 □중고 中古 □매장 店、売り場 □검증되다 検証できる

3

Q1. 男性の中心となる考えを選びなさい。

① 本を買って読むのがよい。　　② 図書館を通して本を読むのがよい。

Q2. もう一度聞いて空欄を埋めなさい。

女性：本をまた買ったんですか。図書館にもあるはずなのに…。買わないで
　　　借りて読んでください。

男性：あ、図書館にも同じ本があるにはあるんだけど、私は下線を引きなが
　　　ら読みたいんですよ。借りた本をそのように読むことはできないでしょ
　　　う。そして、良い本をたくさん買ってこそ、本を書く人たちもお金が
　　　稼げますしね。借りて読むのもいいけど、それでも＿＿＿＿＿＿＿＿
　　　＿＿＿。

99

4

Q1. 男性が何をしているか選びなさい。
① 寮から新しいワンルームに引っ越しをしている。
② 学校の近くの引っ越しができる新しい部屋を探している。

Q2. もう一度聞いて空欄を埋めなさい。

男性：こんにちは。あの、＿＿＿＿＿＿＿＿＿＿＿ワンルームがあるでしょうか？ 建物は古くても大丈夫です。今は寮に住んでいるんですが、もうすぐ夏休みなので部屋を退去しなければならないんです。あ、それから私は韓国大学の学生なんですが、学校から歩いて行けるともっといいです。

女性：高くないワンルームだと……、ワンルームは多くないんですが、もしよければオフィステルはいかがですか？ 先週オフィステルの物件がいくつか入ってきたんですよ。

5

Q1. 男性が何をしているか選びなさい。

① 贈答品の配送について尋ねている。

② 購入した製品の配送について尋ねている。

Q2. もう一度聞いて空欄を埋めなさい。

男性：もしもし？ 先週、韓国電子のサイトで冷蔵庫を注文したんですが。
　　　先週の金曜日に冷蔵庫は届いたんですが、冷蔵庫を買うと＿＿＿＿＿＿
　　　＿＿＿＿＿＿届いていないので電話しました。

女性：さようでございますか、お客様。恐れ入りますが、お名前と電話番号
　　　を教えていただけますでしょうか？ すぐに確認いたします。

> **Q1.** ①
> 男性は購入した商品（＝冷蔵庫）は無事に届いたが、贈答品（＝電子レンジ）
> は届いていないと言っている。したがって、①が正解。
>
> **Q2.** 무료로 주기로 한 전자레인지는 無料でもらえることになっている電子
> レンジが
>
> 単語　□성함 お名前　□사은품 贈答品　□배송 配送
> 　　　□구매하다 購入する

6

Q1. 男性が話す意図を選びなさい。

① 女性の状況を慰めるために　　② 女性の問題点を指摘するために

Q2. もう一度聞いて空欄を埋めなさい。

女性：ああ、私、今日地下鉄に財布を置き忘れてしまったの。

男性：また？ もう何回目だよ？ この前は食堂に携帯電話を置いてきて、何
　　　日も大変だったじゃないか。どうして物を使った後に＿＿＿＿＿＿＿
　　　＿＿＿＿？ 使ったら必ずカバンに入れてとぼくが何回も言ったよね。

7

Q1. 男性が話す意図を選びなさい。
① 女性が言った番組の情報を得るため
② 女性が提案したプログラムに参加するため

Q2. もう一度聞いて空欄を埋めなさい。
女性：学校の掲示板に貼ってあるポスターを見ましたか。今度の休みに農漁
　　　村の子供たちのためにボランティア活動に行く学生を募集しているそ
　　　うです。良い活動のようなので、申し込みしようと思うのですが、一
　　　緒に行きませんか？
男性：ええ、私も見ました。農漁村の子供たちに会って学習支援教室も運営
　　　し、さまざまな活動も共にするプログラムですよね？　面白そうだけ
　　　ど＿＿＿＿＿＿＿＿＿＿？

8

Q1. 女性が話す意図を選んでください。

① 検査を受けることを勧めるため

② 鎮痛剤がどこにあるのか聞くため

Q2. もう一度聞いて空欄を埋めなさい。

男性：またこれだ。このごろ何か食べると胸焼けがひどいな。昨日買った痛み止めはどこにあったっけ？ ねぇ、痛み止めを見なかった？

女性：痛み止め？ さあ、机の上にあったと思うけど。また痛み止めを飲もうとしてるの？ そんなことしないで一度病院に行ってみようよ。毎回痛み止めばかり飲んでいないで、実はどこかに問題があるんじゃないかと考えて＿＿＿＿＿＿＿＿＿＿いいと思う。

Q1. ①
女性は薬ばかり飲む男性に病院に行って検査を受けるようにと話している。したがって正解は①。

Q2. 검사를 받아보는 게 検査を受けたほうが

単語 □속이 쓰리다 胸焼けする □진통제 痛み止め □검사 検査

2. 次の音声を聞いて質問に答えなさい。

1

여자：A 우리 동네에도 드디어 대형 쇼핑몰이 생긴다는 이야기 들었어요? 슈퍼마켓, 옷가게, 커피숍 그리고 영화관까지 있는 건물이래요. 이제 여러 곳에 갈 필요 없이 한 곳에서 친구도 만나고 쇼핑도 하고 좋을 것 같아요.

남자：B 우리 동네에 슈퍼마켓도 있고 여러 가게들이 많은데 C 쇼핑몰이 생긴단 말이에요? 그럼 원래부터 동네에서 장사를 하는 사람들은 굉장히 힘들어지겠네요. 대형 쇼핑몰이 생기는 것도 좋지만 지역 경제를 생각해야죠.

女性：🅐うちの町にもいよいよ大型ショッピングモールができるという話、聞きましたか？　スーパー、洋服屋、コーヒーショップ、そして映画館まである建物だそうです。もういろんなところに行く必要がなく、1ヵ所で友達にも会えて、ショッピングもできるので良さそうです。

男性：🅑うちの町にはスーパーもあるし、いろんなお店がたくさんあるのに🅒ショッピングモールができるということですか？　そうなると、もともと町で商売をしている人たちはとても大変でしょうね。大型ショッピングモールができるのもいいですが、地域経済を考えなければいけないですよ。

Q1. 聞いた内容と合っていれば○、間違っていれば×をつけなさい。

가. この町には大きなショッピングモールがある。

나. この町には利便施設が多くない。

다. ショッピングモールが入ってくると、町の店（の経営）が難しくなる。

Q2. 男性の中心となる考えとして適切なものを選びなさい。

① 町に利便施設がもっと必要だ。

② ショッピングモールができれば経済が回復する。

③ 地域経済を考慮して開発しなければならない。

Q1. 가. × 　나. × 　다. ○

가. → 🅐で、女性は「いよいよ」大型ショッピングモールができると言っている。したがって、まだこの町には大きなショッピングモールはない。

나. → 🅑で、男性は町内にはスーパーをはじめ、さまざまな利便施設があると述べている。

다. → 🅒で、男性はショッピングモールができると地域の店が大変になると言っている。

Q2. ③

男性はショッピングモールが入ってくるという話を聞いて、すでに商売をしている店のことを心配しており、地域経済を考えていないと非難している。したがって正解は③。

□**편의 시설** 利便施設　□**이익** 利益　□**지역 경제** 地域経済
　　　□**고려하다** 考慮する　□**개발하다** 開発する

2

여자 : 37번 고객님. 이쪽으로 앉으세요.
남자 : 저…… A 제가 통장을 하나 만들고 싶은데요, 무엇이 필요한가요?
여자 : 학생이신가요? 아니면 직장인이신가요?
남자 : 학생인데요. 혹시 학생은 통장을 만들 수 없나요?
여자 : 아니요. 학생의 경우에는 신분증만 있으면 통장 개설이 가능해요.
　　　하지만 하루에 100만 원 이하의 거래만 가능합니다.
남자 : 아, 그렇군요. 그럼 B 학생 때 만든 통장을 나중에 취직해서도 사용
　　　할 수 있나요?
여자 : 아마 가능할 거예요. 잠시만요. 제가 한번 확인해 보겠습니다.

女性：37番のお客様。こちらにお掛けください。
男性：あの……、 A 通帳を一つ作りたいのですが、何が必要ですか？
女性：学生でいらっしゃいますか？　それとも会社員でいらっしゃいますか？
男性：学生です。もしかして、学生は通帳が作れないのでしょうか？
女性：いいえ。学生の場合は身分証明書があれば通帳（口座）開設が可能です。しかし、1日に100万ウォン以下の取引のみ可能です。
男性：ああ、そうなんですね。では、 B 学生の時に作った通帳を後で就職してからも使えますか？
女性：おそらくできると思います。少々お待ちください。一度確認してみます。

Q1. 二人はどこで会話していますか。会話を聞いて選びなさい。

① 銀行　　② 事務室　　③ カード会社

Q2. 男性は何をしていますか。

① 会社に就職するために面接を受けている。

② 口座を開設するために調べている。

③ 通帳で取引するために情報を得ている。

Q1. ①

男性は通帳を一つ作りたいと言っている。通帳が作れるところは銀行なので①が正解。

Q2. ②

① → 面接を受けるのではなく、B で男性は就職後も通帳を使えるのか尋ねている。

② → A で男性は通帳（口座）を一つ作りたいと言っている。

③ → 男性は通帳取引に関する情報は聞いていない。

単語　□통장 通帳　□개설하다 開設する　□이하 以下　□거래 取引

3

여자: 미안해요. 영화가 너무 재미없었죠? 이런 내용인지 몰랐어요.

남자: 왜요? 전 괜찮았는데요. A 마지막에 주인공이 모든 것을 버리고 고속도로를 걸어가는 장면에서 감동을 받았는걸요.

여자: 정말요? B 저는 너무 무겁게 느껴지고 지루했어요. 어떤 내용인지 모르고 예매했는데 그냥 요즘 인기가 많은 영화를 볼 걸 그랬나 봐요.

남자: 글쎄요. 저는 그래도 이런 종류의 영화가 좀 더 많이 만들어져야 한다고 생각해요. 모두들 돈을 벌 수 있는 영화만 만든다면 사회의 문제점이나 소수자의 이야기는 알려지기 어려우니까요.

女性：ごめんなさい。映画があまりにも面白くなかったですよね？　こんな内容だとは知りませんでした。

男性：そうですか？ 私はよかったですけど。Ａ最後に主人公がすべてを捨
　　　てて高速道路を歩いていく場面に感動しましたよ。

女性：本当ですか？ Ｂ私はとても重く感じられてつまらなかったです。ど
　　　んな内容なのか知らずに予約したのですが、普通に最近人気のある映
　　　画を観ればよかったと思います。

男性：う～ん、どうでしょう。私はそれでも、このような種類の映画がもっ
　　　とたくさん作られるべきだと思います。みんなが儲かる映画ばかり作
　　　ると、社会の問題点やマイノリティーの話は認知されるのが難しくな
　　　るからです。

Q1. 男性が女性に話す意図を選びなさい。
① 人気のある映画の特徴を説明するため
② 女性が予約した映画がつまらなかったことを非難するため
③ 多様な映画が製作されなければならない理由を説明するため

Q2. 聞いた内容として正しいものを選びなさい。
① 今日観た映画は男性が予約した。
② この映画の最後には主人公が道路を走る。
③ 女性は人気のある映画を見なかったことを後悔している。

Q1. ③
男性は最後の発言で、このような映画がもっとつくられるべきだと言い、
その理由を説明している。

Q2. ③
① → Ｂによると、映画を予約した人は女性。
② → Ａによると、主人公は最後に道路を歩く。
③ → Ｂによると、女性は人気のある映画を見なかったことを後悔している。

単語　□감동을 받다 感動を受ける　□소수자 マイノリティー
　　　□비난하다 非難する　□생산되다 生産される　□인식 認識

남자: 여보 우리도 주식 투자를 좀 해볼까? A 어제 회사 동기들하고 술 한
잔하면서 이야기했는데 요즘 주식이 아니면 큰돈을 벌기 어렵다더
라고.
여자: 주식? 글쎄…… B 우린 주식에 대해서 아는 것이 하나도 없는데 친
구들 말만 듣고 투자를 해도 괜찮을까?
남자: C 요즘 주식 관련 책이며 자료가 많이 나와서 다들 혼자 공부하면서
투자를 한대. 그리고 투자해 볼 만한 괜찮은 회사도 몇 개 소개받았어.
여자: 아무리 자료며 책이 잘 나왔다고 해도 좀…… 걱정되는데. 주식으로
성공한 사람들도 많지만 주식 때문에 크게 망한 사람들도 얼마나 많
은데. 우리 주식은 좀 더 생각해 보자.

男性 : なぁ、ぼくたちもちょっと株式投資をやってみようか？ A 昨日会社
の同期とお酒を飲みながら話したんだけど、最近株じゃないと大金を
稼ぐのは難しいんだって。
女性 : 株？ さあ…… B 私たち株について知っていることが何もないのに、
友達の話だけ聞いて投資をしても大丈夫かな？
男性 : C 最近、株式関連の本や資料がたくさん出ているから、みんな自分
で勉強しながら投資をするんだって。それに、投資しても良さそうな
いい会社もいくつか紹介してもらったよ。
女性 : いくら資料や本がよくできているとしてもちょっと……心配だけど。
株で成功した人も多いけど、株で大失敗した人もものすごく多いのよ。
私たち、株のことはもう少し考えてみましょう。

Q1. 女性が男性に話す意図を選びなさい。
① 株式投資の危険性を指摘するため
② 男性に株式投資を勧めるため
③ 株式投資に関する情報を得るため

Q2. 聞いた内容として正しいものを選びなさい。

① 男性は家族から株に関する情報を得た。

② 女性と男性は株式投資についてよく知っている。

③ 最近、株式投資に関する本がたくさん出版された。

Q1. ①

女性は株で失敗した人たちの話をして、株式投資の危険性について話している。したがって正解は①。

Q2. ③

① → **A** から、男性は家族ではなく会社の同期から株式投資に関する情報を得たことがわかる。

② → **B** によると、女性と男性は株式投資について知っていることはない。

③ → **C** で、男性は最近、株式投資に関する本がたくさん出版されていると言っている。

単語　□주식 투자 株式投資　□망하다 破産する、身を滅ぼす
　　　□권유하다 勧誘する　□위험성 危険性

🔊))) (1) 4-6

[1-2] 다음을 듣고 물음에 답하십시오.

1. 남자의 중심 생각으로 알맞은 것을 고르십시오.
① 동문회 준비를 저렴하게 해야 한다.
② 동문을 위한 새로운 행사가 필요하다.
③ 동문회 장소를 바꾸는 것은 좋지 않다.
④ 동문회를 위한 새로운 장소를 찾아야 한다.

2. 들은 내용으로 맞는 것을 고르십시오.
① 남자는 새로운 식당에 가본 적이 없다.
② 그동안 동문회는 학교에서 진행되었다.
③ 식당은 새로운 손님에게 10% 할인해 준다.
④ 학교에서 동문회를 준비하면 돈이 많이 든다.

[3-4] 다음을 듣고 물음에 답하십시오.

3. 남자가 무엇을 하고 있는지 고르십시오.
① 비행기 표를 예약하고 있다.
② 비행기 좌석을 지정하고 있다.
③ 화장실이 어디에 있는지 물어보고 있다.
④ 이번 주에 먹을 기내식을 주문하고 있다.

4. 들은 내용으로 맞는 것을 고르십시오.
① 남자는 비행기에서 식사를 하지 않을 것이다.
② 남자는 화장실에서 먼 자리에 앉고 싶어한다.
③ 남자는 이탈리아에서 인천으로 가는 비행기를 예약했다.
④ 남자는 다음 주 수요일 저녁에 출발하는 비행기를 탈 것이다.

[5-6] 다음을 듣고 물음에 답하십시오.

5. 남자가 여자에게 말하는 의도를 고르십시오.
① 새로운 메뉴를 추가하기 위해
② 판매하는 메뉴를 줄이기 위해
③ 새로운 조리법을 소개하기 위해
④ 다양한 메뉴의 장점을 설명하기 위해

6. 들은 내용으로 맞는 것을 고르십시오.
① 이 가게는 순두부찌개만 판다.
② 불고기나 된장찌개는 팔리지 않는다.
③ 이 식당은 남은 재료 때문에 고민이 있다.
④ 이 식당은 다음 달부터 메뉴를 줄일 것이다.

Unit 4

会話3

111

[1-2] 次の音声を聞いて質問に答えなさい。

> 여자: 이번 동문회는 학교 앞의 새로 생긴 식당에서 하면 어때요?
> 남자: A 어제 갔던 식당말이죠? 나쁘진 않은데, 늘 모이던 곳이 아니고 장
> 소가 바뀌면 좀 혼란스럽지 않을까요? 다들 학교를 둘러보고 싶어하
> 기도 하고요. 가격은 어때요? B 그동안 학교에서 저렴하게 동문회
> 를 할 수 있었잖아요.
> 여자: 생각보다 비싸지 않아요. C 단체 손님에게는 10% 할인도 해 준대요.
> 남자: 그래도 저는 늘 하던 곳이 더 좋은 것 같은데 좀 더 고민해 봅시다.

女性：今回の同窓会は学校の前の新しくできたレストランでするのはどうで
　　　すか？
男性：A 昨日、行ったレストランのことですよね？　悪くはないのですが、
　　　いつも集まっていたところではないですし、場所が変わると少し混乱
　　　しませんか？　みんな学校を見て回りたがっているでしょうし。値段
　　　はどうですか？　B 今までは学校で安く同窓会ができたじゃないですか。
女性：思ったより高くありません。C 団体客には10％割引もしてくれるそ
　　　うです。
男性：それでも私はいつもの場所がもっといいような気がしますが、もう少
　　　し考えてみましょう。

1. 男性の中心となる考えとして適切なものを選びなさい。
① 同窓会の準備はお金をかけずにしなければならない。
② 同窓生のための新しいイベントが必要である。
③ 同窓会の場所を変えるのは良くない。
④ 同窓会のための新しい場所を探さなければならない。

2. 聞いた内容として正しいものを選びなさい。
① 男性は新しいレストランに行ったことがない。

② 今まで同窓会は学校で行われてきた。

③ レストランは新しい客に10%割引してくれる。

④ 学校で同窓会を準備するとお金がたくさんかかる。

---

1. ③

男性は同窓会をいつもの場所でやったほうがいいと言っている。したがって、③が正解。

2. ②

① → A から、二人は昨日そのレストランに行ったことがわかる。

② → B で、男性は今まで学校で同窓会をしたと言っている。

③ → C で、新しいレストランは団体客に10%割引をしてくれると言っている。

④ → B で、学校では同窓会を安くできると言っている。

単語 □ **혼란스럽다** 混乱する □ **저렴하다**（値段が）安い

[3-4] 次の音声を聞いて質問に答えなさい。

남자 : 안녕하세요. A 제가 다음 주에 인천에서 이탈리아 로마로 가는 표를 예매했는데, 혹시 전화로도 좌석을 지정할 수 있나요?

여자 : 네, 인천 출발, 이탈리아 로마 도착 항공권 말씀이시지요? 자리를 미리 지정하시지 않으셨다면 지금 도와드리겠습니다. 고객님 정확히 다음 주 언제 출발하시나요?

남자 : B 다음 주 수요일 저녁 7시 20분 비행기예요. 제가 비행기만 타면 화장실에 자주 가는 편이라 C 화장실과 좀 가까운 자리로 부탁드립니다.

여자 : 네, 그럼 말씀하신대로 해 드리겠습니다. 고객님 기내식도 신청하지 않으셨는데요. 식사는 필요하지 않으신가요?

남자 : 아, 그래요? D 그럼, 식사도 신청할게요.

男性：こんにちは。A来週、仁川からイタリア・ローマ行きのチケットを予約したのですが、もしかして電話でも座席を指定できますか？

女性：はい、仁川発、イタリア・ローマ着の航空券のことですね？ 席をあらかじめ指定されていなければ、こちらで承ります。お客様、正確には来週のいつ出発されますか？

男性：B来週水曜日の夜7時20分の飛行機です。私は飛行機に乗るとトイレによく行く方なので、Cトイレから近い席でお願いします。

女性：はい、それではそのようにいたします。お客様、機内食も申し込まれておりませんが、お食事は必要ございませんか？

男性：あ、そうですか？ Dでは、食事も申し込みます。

3. 男性が何をしているのか選びなさい。

① 飛行機のチケットを予約している。

② 飛行機の座席を指定している。

③ トイレがどこにあるのか聞いている。

④ 今週食べる機内食を注文している。

4. 聞いた内容として正しいものを選びなさい。

① 男性は飛行機で食事をしないつもりだ。

② 男性はトイレから遠い席に座りたがっている。

③ 男性はイタリアから仁川へ行く飛行機を予約した。

④ 男性は来週水曜日の夜に出発する飛行機に乗る予定だ。

3. ②

男性は電話で座席を指定したいと言っている。したがって、②が正解。

4. ④

① → Dから、男性は食事を申し込むとわかる。

② → Cから、男性はトイレに近い席に座りたがっているとわかる。

③ → Aから、男性は仁川発、イタリア行きの飛行機を予約したことがわかる。

④ → B で、男性は来週水曜日の夜7時20分に出発する飛行機に乗ると述べている。

単語 □지정하다 指定する □항공권 航空券 □기내식 機内食

[5-6] 次の音声を聞いて質問に答えなさい。

남자 : 우리 식당의 메뉴를 좀 줄입시다. 가장 인기 있는 순두부찌개에 집중해 보면 어떨까요?

여자 : 갑자기요? 순두부찌개가 인기가 많긴 한데 그래도 A 불고기나 된장찌개를 드시는 손님들도 있는데요?

남자 : 그런 손님들은 몇 명 되지 않고 순두부찌개 외에는 B 늘 재료가 남아서 고민하잖아요. 버리기도 아깝고요.

여자 : 그래도 여러 가지 메뉴가 있으면 골라서 먹을 수도 있고……

남자 : 아무리 생각해도 한 가지를 정말 맛있게 하는 식당이 더 좋은 것 같아요. 재료도 남기지 않고 다 쓰니까 신선하게 조리할 수 있고요. 이 럴 게 아니라 C 당장 다음 주부터 메뉴를 하나로 줄여 봅시다.

男性：うちの食堂のメニューを少し減らしましょう。一番人気のあるスンドゥブチゲに絞ってみるのはどうでしょうか？

女性：急にですか？ スンドゥブチゲは人気はありますが、それでも A プルコギやテンジャン（味噌）チゲを召し上がるお客さんもいますよね？

男性：そういうお客さんは何人もいないですし、スンドゥブチゲ以外は B いつも材料が残って悩んでるじゃないですか。捨てるのももったいないですし。

女性：それでもいろんなメニューがあれば選んで食べることもできますし……。

男性：どう考えても、一つ（のメニュー）を本当においしく作る食堂のほうがいいと思います。材料も残さず全部使い切るので、新鮮に調理できますし。そんなこと言わずに A 早速来週からメニューを一つに絞ってみましょう。

5. 男性が女性に話す意図を選びなさい。

① 新しいメニューを追加するため

② 販売するメニューを減らすため

③ 新しい調理法を紹介するため

④ メニューが多様であることの長所を説明するため

6. 聞いた内容として正しいものを選びなさい。

① この店はスンドゥブチゲのみ売っている。

② プルコギやテンジャンチゲは売れない（注文されない）。

③ この食堂は残った材料のため、悩んでいる。

④ この食堂は来月からメニューを減らす予定である。

5. ②

会話の最初に男性は食堂のメニューを一つに絞ろうと主張している。その後も、男性は出しているメニューを減らすために女性と話をしている。

6. ③

① → **A** から、プルコギやテンジャンチゲも売っていることがわかる。

② → **A** で、プルコギやテンジャンチゲを食べるお客さんもいると述べている。

③ → **B** によると、この食堂はいつも材料が残って悩んでいる。

④ → **C** で、来週からメニューを減らすと言っている。

単語　□재료 材料　□신선하다 新鮮だ　□조리하다 調理する
　　　□판매하다 販売する　□줄이다 減らす　□조리법 調理法

Unit 5　インタビュー

問題［16］［20］［25-26］

問題 16、20、そして 25-26 はインタビューを聞いて解く問題です。問題 16 と問題 20 はインタビューを聞いて 1 つの問題を解きますが、問題 25-26 はインタビューを聞いて 2 つの問題を解かなければなりません。

問題の種類・ポイント

問題
［16］［26］

聞いた内容として正しいものを選ぶ。

インタビューのテーマは難しくはありませんが、全体の内容をよく聞かなければなりません。話の詳細をメモしながら聞くとよいでしょう。

問題
［20］［25］

男性の中心となる考えとして正しいものを選ぶ。

男性はインタビュアーである女性の質問に対して答えているので、まず質問の内容をしっかり聞きましょう。男性の考えは、男性の話の初めや後半部分に出てくることが多いです。

🔊)) (1)5-1

[16] 다음을 듣고 내용과 일치하는 것을 고르십시오.

次の音声を聞いて内容と一致するものを選びなさい。

> 여자: A오랫동안 나무를 치료해 오셨는데요. 나무는 어떻게 치료를 하나
> 요?
> 남자: 병든 나무의 증상을 살피고, B땅의 상태나 주변 나무들도 조사해요.
> C나무도 다른 식물들처럼 주변 환경에 민감하기 때문이죠. 병이 생
> 긴 원인에 따라 주변 환경을 개선하거나 D직접 나무에 약을 처방합
> 니다.

① 병든 나무에는 직접 약을 처방하지 않는다.
② 남자는 나무 치료를 시작한 지 얼마 안 됐다.
③ 남자는 나무 치료를 위해 땅의 상태를 조사한다.
④ 나무는 다른 식물에 비해 환경의 영향을 덜 받는다.

〈64회 TOPIK Ⅱ 듣기 16번〉

訳

女性: A長い間樹木を治療してこられましたが、樹木はどのように治療し
ますか？
男性: 病気になった樹木の症状を見て、B土壌の状態や周辺の樹木も調べ
ます。C樹木も他の植物と同様に周辺環境に敏感だからです。病気
にかかった原因に応じて、周辺環境を改善したり、D直接樹木に薬
を処方します。

① 病気の樹木には直接薬を処方しない。
② 男性は樹木の治療を始めたばかりである。
③ 男性は樹木の治療のため、土壌の状態を調べる。
④ 樹木は他の植物に比べて環境の影響を受けにくい。

〈64回 TOPIK Ⅱ 聞き取り 問16〉

解答・解説

① → **D** で、直接樹木に薬を処方すると言っている。

② → **A** から、男性は長い間樹木を治療してきたことがわかる。

③ → **B** で、男性は土壌の状態を調べると言っている。正解。

④ → **C** で、樹木は周辺環境に敏感であると言っている。

単語　□**치료하다** 治療する　□**병들다** 病気になる　□**상태** 状態

　　　□**민감하다** 敏感になる　□**개선하다** 改善する

　　　□**처방하다** 処方する

🔊)) (1)5-2

[20] 다음을 듣고 남자의 중심 생각을 고르십시오.

次の音声を聞いて、男性の中心となる考えを選びなさい。

> 여자 : 기업 행사를 기획할 때는 어떤 부분에 신경을 써야 하나요?
>
> 남자 : **A** 행사의 목적이 무엇인지 잘 파악해야 합니다. 신제품 홍보를 위한 행사는 제품의 이미지에 맞게 분위기를 연출해야 하고요. 송년회같이 직원들을 위한 행사는 친목을 위한 다양한 프로그램이 필요합니다.

① 기업 행사는 분위기 연출이 가장 어렵다.

② 기업 행사는 행사의 목적을 고려해야 한다.

③ 기업 행사는 프로그램이 다양할수록 좋다.

④ 기업 행사는 직원들이 만족할 수 있어야 한다.

〈64회 TOPIK Ⅱ 듣기 20번〉

訳

女性：会社のイベントを企画する時はどのような点に気をつけなければなりませんか？

男性：**A** イベントの目的が何であるかよく把握しなければなりません。新商品の広報のためのイベントは、商品のイメージに合わせて雰囲気

を演出しなければなりません。忘年会のような社員のためのイベントは親睦のためのさまざまなプログラムが必要です。

① 会社のイベントは雰囲気の演出が最も難しい。
② 会社のイベントはイベントの目的を考慮しなければならない。
③ 会社のイベントはプログラムが多様であるほど良い。
④ 会社のイベントは従業員が満足しなければならない。

〈64回 TOPIK Ⅱ 聞き取り 問20〉

解答・解説

Ａで、男性はイベントの目的が何であるかよく把握しなければならないと言っている。これを「イベントの目的を考慮する」と言い換えている②が正解。

単語	□기획하다 企画する	□신경을 쓰다 気をつける、神経を遣う
	□파악하다 把握する	□연출하다 演出する □송년회 忘年会
	□친목 親睦	

🔊 (1)5-3

[25-26] 다음을 듣고 물음에 답하십시오.

次の音声を聞いて問いに答えなさい。

여자: 오늘은 소방복을 재활용한 가방을 만들어 화제가 된 Ａ대학생들을 만나러 왔습니다. 어떻게 이런 일을 하게 되셨습니까?

남자: 소방관들이 시민을 위해 얼마나 힘든 환경에서 일하고 있는지를 알리고 싶었어요. 그래서 작년부터 저희의 전공을 살려 버려진 Ｂ소방복을 재활용해 가방을 만들게 되었습니다. 가방의 소재가 특이하다 보니 자연스럽게 사람들의 관심을 모을 수 있었고 Ｃ현재는 가방을 판매한 수익금을 소방관의 활동을 알리는 데에 사용하고 있습니다. 저희의 작은 노력이 소방관의 어려움을 한 번 더 떠올리는 계기가 되었으면 좋겠습니다.

25. 남자의 중심 생각으로 맞는 것을 고르십시오.

① 소방관의 근무 환경을 개선해야 한다.

② 사람들이 소방관에 대해 관심을 가지면 좋겠다.

③ 사람들이 소방관의 희생정신을 본받아야 한다.

④ 소방관의 안전을 보장하기 위한 대책이 필요하다.

26. 들은 내용으로 맞는 것을 고르십시오.

① 남자는 소방관으로 일하고 있다.

② 이 가방은 사람들에게 판매되지 않는다.

③ 이 가방은 소방복을 재활용해 만든 것이다.

④ 남자는 정부 지원을 받기 위해 회사를 설립했다.

〈64회 TOPIK Ⅱ 듣기 25-26번〉

訳

女性：今日は防火服をリサイクルしたカバンを作って話題になった🅐大学生に会いに来ました。どうしてこのようなことをするようになったのでしょうか。

男性：消防士が市民のためにどれほど厳しい環境で働いているかを知らせたかったんです。それで去年から私たちの専攻を生かして、捨てられた🅑防火服をリサイクルしてカバンを作ることにしました。カバンの素材が特殊なので自然に人々の関心を集めることができ、🅒現在はカバンを販売した収益金を消防士の活動を知らせるのに使っています。私たちの小さな努力が消防士の苦労をもう一度思い起こすきっかけになればいいです。

25. 男性の中心となる考えとして正しいものを選びなさい。

① 消防士の勤務環境を改善しなければならない。

② 人々が消防士について関心を持ってほしい。

③ 人々は消防士の犠牲の精神を見習わなければならない。

④ 消防士の安全を保障するための対策が必要である。

26. 聞いた内容として正しいものを選びなさい。

① 男性は消防士として働いている。

② このカバンは人々に販売されていない。

③ このカバンは防火服をリサイクルして作ったものだ。

④ 男性は政府の支援を受けるため、会社を設立した。

〈64回 TOPIK Ⅱ 聞き取り 問25-26〉

解答・解説

25.

男性は「人々に消防士の仕事がどれだけ厳しいかについて知らせたい」「人々が消防士の苦労をもっと考えてほしい」と言っている。正解は②。

26.

① → **A** から、男性は大学生であることがわかる。

② → **C** で、カバンを販売していると言っている。

③ → **B** で、カバンは防火服をリサイクルして作ると言っている。正解。

④ → このような内容は話されていない。

単語　□소방복 防火服　□화제가 되다 話題になる

　　　□전공을 살리다 専攻を生かす　□소재 素材　□특이하다 特異だ

　　　□수익금 収益金　□계기가 되다 きっかけになる

✏ 練習① 基本練習

1. 다음을 듣고 질문에 답하십시오.

1

Q1. 남자의 생각과 같은 말을 고르십시오.

① 바른 자세가 건강에 중요하다.

② 바른 자세는 건강에 중요한지는 알 수 없다.

Q2. 다시 듣고 빈칸을 채우십시오.

➡ 네, 자세가 곧은 것이 건강에 _____.

2

Q1. 남자의 생각과 같은 말을 고르십시오.

① 여러 사람들을 만나서 좋았다.

② 여러 직업을 체험할 수 있어 좋았다.

Q2. 다시 듣고 빈칸을 채우십시오.

➡ 평소 만날 수 없는 _____의 사람들과 _____
_____어서 정말 좋았습니다.

3

Q1. 남자의 생각과 같은 말을 고르십시오.

① 남자는 새로운 일을 하는 것이 두려웠다.

② 남자는 새로운 일을 하는 것이 즐거웠다.

Q2. 다시 듣고 빈칸을 채우십시오.

➡ _____은 새로운 일에 도전하는 것을 두려워하지요.
그런데 저는 두려움보다 _____이 더 컸던 것 같아요.

Unit 5 インタビュー

Q1. 남자의 생각과 같은 말을 고르십시오.

① 성공에는 재능이 가장 중요하다.

② 성공에는 열정이 가장 중요하다.

Q2. 다시 듣고 빈칸을 채우십시오.

> ➡ 재능이 정말 중요하죠. 하지만 저는 _____가 성공을 결정한다고 봅니다.

Q1. 남자의 생각과 같은 말을 고르십시오.

① 독감 예방에는 개인위생보다 충분한 영양 섭취가 중요하다.

② 독감 예방에는 개인위생뿐 아니라 충분한 영양 섭취가 중요하다.

Q2. 다시 듣고 빈칸을 채우십시오.

> ➡ _____뿐만 아니라 _____ 식사도 매우 중요합니다.

Q1. 남자의 생각과 같은 말을 고르십시오.

① 좋은 글을 쓰기 위해서는 많이 읽어야 한다.

② 좋은 글을 쓰기 위해서는 많은 연습이 필요하다.

Q2. 다시 듣고 빈칸을 채우십시오.

> ➡ 좋은 글을 쓰기 위해서는 먼저 좋은 글을 _____.
> _____이야말로 좋은 글쓰기의 시작이죠.

7

Q1. 들은 내용으로 맞는 것을 고르십시오.

① 여자가 만든 비누는 호텔에서 사용된다.

② 여자의 활동은 환경 보호에 도움이 된다.

Q2. 다시 듣고 빈칸을 채우십시오.

> ➡ 이런 비누들을 모아서 새 비누를 만들어 필요한 분들에게 드린다면,
> _____고 어려운 분들도 도울 수 있다고 생각했습니다.

8

Q1. 들은 내용으로 맞는 것을 고르십시오.

① 여전히 직장을 선택할 때 월급은 가장 중요한 기준이다.

② 요즘은 직장을 선택할 때 월급보다 중요한 기준이 있다.

Q2. 다시 듣고 빈칸을 채우십시오.

> ➡ 물론 여전히 월급도 중요한 기준입니다만 _____이 더
> 중요해진 것이지요.

🔊)) (1)5-5

2. 다음을 듣고 질문에 답하십시오.

1

Q1. 맞으면 ○, 틀리면 ✕ 하십시오.

가. 최근 한옥의 인기가 많아지고 있다. 　　　　　　　(　　)

나. 한옥은 인공적인 재료로 만들어진다. 　　　　　　　(　　)

다. 한옥은 직선의 아름다움을 가지고 있다. 　　　　　　(　　)

Q1. 맞으면 ○, 틀리면 × 하십시오.

가. 남자는 방송국에서 일을 한다. ( )

나. 새로운 아이디어를 찾는 것은 어렵지 않다. ( )

다. 남자는 아이디어를 얻기 위해 여러 자료를 본다. ( )

3

Q1. 맞으면 ○, 틀리면 × 하십시오.

가. 남자는 요양원의 노인들을 만난다. ( )

나. 남자는 올해 처음 봉사활동을 시작했다. ( )

다. 남자는 친구들을 통해서 처음 봉사활동을 알게 되었다. ( )

Q2. 남자의 중심 생각으로 알맞은 것을 고르십시오.

① 봉사활동은 꾸준히 해야 의미가 있다.

② 봉사활동은 생각보다 어려운 것이 아니다.

③ 더 좋은 사회를 만들기 위해 이웃을 돌봐야 한다.

4

Q1. 맞으면 ○, 틀리면 × 하십시오.

가. 남자는 이탈리아에서 피자 가게를 한다. ( )

나. 이제 외국 요리 재료를 구하는 것은 쉽다. ( )

다. 남자의 피자 가게는 처음부터 인기가 많았다. ( )

Q2. 남자의 중심 생각으로 알맞은 것을 고르십시오.

① 좋은 재료를 써야 음식이 맛있다.

② 꾸준히 노력하는 것이 성공의 열쇠이다.

③ 다른 나라의 문화를 배우는 것이 필요하다.

✎ 練習① 基本練習　訳と解答

1. 次の音声を聞いて質問に答えなさい。

1

> 여자 : 올바른 자세가 건강에 매우 중요하다고 하셨지요?
> 남자 : 네, 자세가 곧은 것이 건강에 얼마나 중요한지 몰라요.

女性：正しい姿勢が健康にとても重要だとおっしゃいましたよね？
男性：はい、姿勢がまっすぐであることは健康にとってどれほど重要なものであるか言うまでもありません。

Q1. 男性の考えと同じものを選びなさい。
① 正しい姿勢が健康に重要である。
② 正しい姿勢が健康に重要かどうかはわからない。

Q2. もう一度聞いて空欄を埋めなさい。
はい、姿勢がまっすぐであることは健康にとって＿＿＿＿＿＿＿＿＿＿＿＿。

Q1. ①
「姿勢がまっすぐであることは健康にとってどれほど重要なものか言うまでもない」というのは、姿勢がとても重要だという意味。会話の中の 올바른 자세、자세가 곧은 것 を選択肢では 바른 자세 に言い換えて表現している。
Q2. 얼마나 중요한지 몰라요 どれほど重要なものであるか言うまでもありません

単語　□올바르다 正しい　□자세 姿勢　□곧다 まっすぐだ
　　　□바르다 正しい、まっすぐだ

127

2

여자: 학생 대표로 이번 걷기 행사에 참여하셨는데요, 어떠셨나요?
남자: 평소 만날 수 없는 다양한 직업의 사람들과 소통할 수 있어서 정말
　　좋았습니다.

女性：学生代表として今回のウォーキングイベントに参加されましたが、い
　　　かがでしたか？
男性：普段会えないさまざまな職業の方々とコミュニケーションがとれて本
　　　当に良かったです。

Q1. 男性の考えと同じものを選びなさい。
① いろんな人たちに出会えて良かった。
② いろんな職業を体験できて良かった。

Q2. もう一度聞いて空欄を埋めなさい。
普段会えない＿＿＿＿＿＿＿＿＿の方々と＿＿＿＿＿＿＿＿＿て本当に
良かったです。

Q1. ①
「普段会えないさまざまな職業の方々」をいろんな人たちと言い換えて表
現した①が正解。
Q2. 다양한 직업 さまざまな職業, 소통할 수 있 コミュニケーションがとれ

単語　□대표 代表　□참여하다 参加する
　　　□소통하다 コミュニケーションする

3

여자: 새로운 사업을 시작하시며 두렵지 않으셨어요?
남자: 보통 사람들은 새로운 일에 도전하는 것을 두려워하지요. 그런데 저
　　는 두려움보다 즐거움이 더 컸던 것 같아요.

女性：新しいビジネスを始める際、怖くなかったですか？

男性：普通、人々は新しいことに挑戦することを怖がりますよね。しかし、<u>私は不安より楽しさのほうが大きかったと思います。</u>

Q1. 男性の考えと同じものを選びなさい。

① 男性は新しい仕事をするのが怖かった。

② 男性は新しい仕事をするのが楽しかった。

Q2. もう一度聞いて空欄を埋めなさい。

_____は新しいことに挑戦することを怖がりますよね。しか
し、私は不安より_____のほうが大きかったと思います。

Q1. ②

男性は新しいことをすることが不安であるより楽しかったと言っている。
したがって正解は②。新しいことをするのを怖がるのは一般的な例えとし
て述べている。

Q2. 보통 사람들 普通、人々は，즐거움 楽しさ

単語　□사업 ビジネス　□두려워하다 恐れる　□두려움 恐れ
　　　□즐거움 楽しさ

4

여자 : 흔치 않은 분야에서 성공하셨는데요. 역시 이 분야는 재능이 중요하
　　　겠지요?

남자 : 재능이 정말 중요하죠. 하지만 저는 <u>얼마나 열정이 있는지가 성공을</u>
　　　<u>결정한다고 봅니다.</u>

女性：珍しい分野で成功されましたね。やはりこの分野は才能が大事ですよ
　　　ね？

男性：才能は本当に重要です。しかし、私は<u>どれほど情熱があるかが成功す</u>
　　　<u>るかどうかを決めると思います。</u>

Q1. 男性の考えと同じものを選びなさい。

① 成功には才能が最も重要である。

② 成功には情熱が最も重要である。

Q2. もう一度聞いて空欄を埋めてください。

才能は本当に重要です。しかし、私は＿＿＿＿＿＿＿＿＿＿＿が成功するかどうかを決めると思います。

Q1. ②

男性は才能も大事だが、情熱が成功をするかどうかを決めると述べているので、正解は②。

Q2. 얼마나 열정이 있는지 どれほど情熱があるか

単語 □흔하다 ありふれている、珍しくない □분야 分野
　　 □재능 才能 □열정 情熱

5

여자: 독감이 유행하고 있습니다. 어떻게 하면 독감을 예방할 수 있을까요?
남자: 손을 자주 씻는 것뿐만 아니라 균형 잡힌 식사도 매우 중요합니다.

女性：インフルエンザが流行しています。どうすればインフルエンザを予防
　　　できますでしょうか？

男性：手をこまめに洗うだけでなく、バランスのとれた食事もとても大事で
　　　す。

Q1. 男性の考えと同じものを選びなさい。

① インフルエンザの予防には個人衛生より十分な栄養摂取が大事である。

② インフルエンザの予防には個人衛生だけでなく、十分な栄養摂取が大事
　　である。

Q2. もう一度聞いて空欄を埋めなさい。

_____だけでなく_____食事もとても大事で
す。

Q1. ②
インフルエンザを予防するには、手をこまめに洗うだけでなく、バランス
のとれた食事も大事だと言っている。正解は②。
Q2. 손을 자주 씻는 것 手をこまめに洗う，균형 잡힌 バランスのとれた

単語 □**독감** インフルエンザ □**예방** 予防 □**균형** バランス
　　 □**잡히다** 取れる □**개인위생** 個人衛生（個人での感染症対策）
　　 □**영양 섭취** 栄養摂取 □**충분하다** 十分だ

6

여자: 요즘 선생님의 책을 읽고 자신의 일상을 글로 써 보려는 사람들이 많
　　은데요. 좋은 글을 쓰는 방법이 있나요?
남자: 좋은 글을 쓰기 위해서는 먼저 좋은 글을 많이 읽어야 합니다. 다독
　　이야말로 좋은 글쓰기의 시작이죠.

女性：最近、先生の本を読んで自分の日常を文章に書いてみようとする方が
　　　たくさんいますが、良い文章を書く方法はありますか。
男性：良い文章を書くためには、まず良い文章をたくさん読まなければなり
　　　ません。多読こそ、良い文章を書くことの始まりなんです。

Q1. 男性の考えと同じものを選びなさい。
① 良い文章を書くためには、たくさん読まなければならない。
② 良い文章を書くためには、たくさんの練習が必要である。

Q2. もう一度聞いて空欄を埋めなさい。
良い文章を書くためには、まず良い文章を_____。_____
_____こそ、良い文章を書くことの始まりなんです。

7

남자 : 이와 같은 생각은 어떻게 하셨습니까?
여자 : 호텔에서 날마다 많은 비누들이 다 사용되지 못 한 채 버려진다는 이
　　　야기를 들었습니다. <u>이런 비누들을 모아서 새 비누를 만들어 필요한</u>
　　　<u>분들에게 드린다면, 환경도 보호할 수 있고 어려운 분들도 도울 수</u>
　　　<u>있다고 생각했습니다.</u>

男性：このようなアイデアはどうやって思いつきましたか。
女性：ホテルで毎日多くの石鹸が最後まで使い切られることなく捨てられて
　　　いるという話を聞きました。<u>このような石鹸を集めて新しい石鹸を作</u>
　　　<u>り、必要な方々に差し上げれば、環境保護もできて、困っている方々</u>
　　　<u>も助けることができると思いました。</u>

Q1. 聞いた内容として正しいものを選びなさい。
① 女性が作った石鹸はホテルで使われる。
② 女性の活動は環境保護に役立つ。

Q2. もう一度聞いて空欄を埋めなさい。
このような石鹸を集めて新しい石鹸を作り、必要な方々に差し上げれば、
＿＿＿＿＿＿＿＿＿＿＿て、困っている方々も助けることができると思いまし
た。

> **Q1.** ②
> 女性はホテルで捨てられた石鹸を集めて新しい石鹸を作り、必要な人々に
> あげている。このような活動は環境保護に役立つと言っているので、正解
> は②。
> **Q2.** 환경 보호도 할 수 있 環境保護もでき
>
> 単語　□비누 石鹸　■환경 環境　□보호 保護

8

> 여자 : 이전에는 직장을 선택할 때 월급을 중요한 기준으로 생각했다면 요
> 즘은 어떻게 달라졌나요?
> 남자 : 최근에는 일을 하면서 얼마나 자기 시간을 많이 가질 수 있는가가 아
> 주 중요한 기준으로 떠오르고 있습니다. 물론 여전히 <u>월급도 중요한</u>
> <u>기준입니다만 일과 삶의 균형이 더 중요해진 것이지요.</u>

女性：以前は職場を選択する際、給料を重要な基準と考えていたとしたら、
　　　最近はどのように変わりましたか？
男性：最近は仕事をしながら、どれだけ自分の時間を多く持つことができる
　　　かが非常に重要な基準として浮上してきています。もちろん今でも<u>給</u>
　　　<u>料も重要な基準ですが、仕事と生活のバランスがもっと重要になって</u>
　　　<u>きたのでしょう。</u>

Q1. 聞いた内容として正しいものを選びなさい。
① 依然として職場を選択する時、給料は最も重要な基準である。
② 最近は職場を選択する時、給料よりも重要な基準がある。

Q2. もう一度聞いて空欄を埋めなさい。
もちろん今でも給料も重要な基準ですが、＿＿＿＿＿＿＿＿＿＿がもっと重
要になってきたのでしょう。

2. 次の音声を聞いて質問に答えなさい。

1

> 여자: 최근 한국적인 것에 대한 관심이 커지면서 A한옥에서의 삶을 꿈꾸
>   시는 분들이 많아지고 있는데요. 한옥의 아름다움은 무엇이라고 생
>   각하시나요?
> 남자: B한옥의 아름다움이라고 하면 곡선이 주는 부드러움과 자연에서
>   얻은 재료들이 주는 편안함이 있습니다. 하지만 제가 생각하는 가장
>   멋진 점은 한옥은 설계할 때부터 주변의 경치를 고려한다는 점입니다.
>   혼자 있는 건물이 아닌 주변과 어우러지는 하나의 작품인 것이지요.

女性：最近、韓国的なことへの関心が高まり、A韓屋での暮らしを夢見る
　　　方が増えています。韓屋の美しさは何だと思われますか。
男性：B韓屋の美しさといえば、曲線が与える柔らかさと自然から得られ
　　　る材料が与える安らぎがあります。しかし、私が思う最も素晴らしい
　　　点は、韓屋は設計する時から周辺の景色を考慮するという点です。単
　　　独で存在する建物ではなく、周辺と調和する一つの作品なのです。

Q1. 正しければ○、間違いであれば×をつけなさい。
가. 最近、韓屋の人気が高まっている。
나. 韓屋は人工的な材料で作られる。
다. 韓屋は直線の美しさを持っている。

Q1. 가. ○ 나. ✕ 다. ✕

가. → A で、韓屋での暮らしを夢見る人が増えていると述べているので、
   最近韓屋の人気が高まっていることがわかる。

나. → B で、自然から得られる材料が与える安らぎがあると述べている
   ので、人工的な材料を使わないことがわかる。

다. → B で、韓屋の美しさは曲線が与える柔らかさだと述べている。

単語 □**한옥** 韓屋   □**꿈꾸다** 夢見る   □**곡선** 曲線
    □**부드러움** 柔らかさ □**편안함** 安らぎ □**설계** 設計
    □**고려하다** 考慮する □**어우러지다** 調和する

2

여자: A 인터넷 방송을 하시면서 가장 어려운 부분은 무엇인가요?
남자: 많은 분들이 생각하시는 것처럼 B 새로운 소재를 찾는 것이 가장 어
   려운 것 같습니다. 사람들이 원하는 것이 무엇인지를 찾고 그것을 어
   떻게 방송으로 만들지를 생각하는 과정이 정말 쉽지 않아요. 그래서
   C 새로운 아이디어를 찾기 위해 책도 많이 읽고 다양한 콘텐츠도 많
   이 찾아 봅니다.

女性：A インターネット放送をされている中で、一番難しい部分は何ですか?
男性：多くの方が考えているように、B 新しいネタを探すのが一番難しい
   と思います。人々が望むことが何かを探して、それをどのように放送
   にするかを考える過程は、本当に容易なことではありません。それで、
   C 新しいアイデアを探すために本もたくさん読んでさまざまなコン
   テンツもたくさん探すようにしています。

Q1. 正しければ○、間違いであれば✕をつけなさい。

가. 男性は放送局で仕事をしている。

나. 新しいアイデアを探すのは難しくない。

다. 男性はアイデアを得るためにさまざまな資料を見ている。

Q1. 가. × 나. × 다. ○

가. → Aで、女性は男性がインターネット放送をしていると言っている。

나. → Bで、男性は新しいネタを探すのが難しいと言っている。選択肢では「소재（ネタ）」を「아이디어（アイデア）」と言い換えて表現している。

다. → Cで、男性はアイデアを得るために本や動画をたくさん見ていると言っている。

単語 □소재 ネタ（話の素材） □과정 過程 □콘텐츠 コンテンツ

3

여자: 연말을 맞이하여 많은 분들이 이웃 사랑을 실천하고 계십니다. 오늘은 독거노인을 방문하여 봉사하시는 분들을 모셨습니다. 안녕하세요? 언제부터 봉사를 시작하셨나요? 그리고 어떻게 이런 봉사를 시작하셨습니까?

남자: 네, 안녕하세요. A저는 올해로 3년째 독거노인 방문하기에 참여하고 있습니다. 사실 B처음에는 친구들이 같이 가자고 해서 시작하게 되었는데요. 먼저 간단한 교육을 받고 어르신들을 만났습니다. 어르신과 이야기를 나누며 연말을 홀로 외롭게 보내는 사람들이 많다는 것을 처음 알게 되었습니다. 우리가 이러한 이웃을 돌보고 함께 하려고 노력하지 않는다면 아름다운 세상을 만들 수 없다는 생각을 했습니다. 그래서 틈틈이 봉사하려고 노력하고 있습니다.

女性：年末を迎え、多くの人が隣人愛を実践していらっしゃいます。今日は独居老人を訪問してボランティア活動をする方々をお招きいたしました。こんにちは。いつからボランティア活動を始められましたか。そして、どうやってこのようなボランティア活動を始められたんですか。

男性：はい、こんにちは。A私は今年で3年間、独居老人の訪問に参加しています。実はB最初は友達が一緒に行こうと言ったので始めたんです。最初は、簡単な教育を受けてから、お年寄りの方に会いました。

お年寄りの方と話をしながら年末を一人で寂しく過ごす人たちが多いということを初めて知りました。私たちが、このような隣人を助け、生活を共にしようとする努力をしなければ美しい世の中を作ることはできないと思いました。それで暇を見つけてはボランティア活動をしようと努力しています。

Q1. 正しければ○、間違いであれば×をつけなさい。
가. 男性は老人ホームの老人たちに会う。
나. 男性は今年初めてボランティア活動を始めた。
다. 男性は友達を通じて初めてボランティア活動を知った。

Q2. 男性の中心となる考えとして適切なものを選びなさい。
① ボランティア活動は休まず続けることに意味がある。
② ボランティア活動は思ったより難しいものではない。
③ より良い社会を作るために隣人を助けなければならない。

Q1. 가. × 나. × 다. ○

가. → Ａで、男性は独居老人、つまり一人暮らしのお年寄りに会うと言っている。

나. → Ａで、男性は3年前からボランティア活動をしていると言っている。

다. → Ｂで、最初、友達が一緒に行こうと言ってボランティア活動を始めたと言っている。

Q2. ③

男性は美しい世の中のために隣人を助けるべきだと言っている。

単語　□**연말** 年末　□**실천** 実践　□**독거노인** 独居老人
　　　□**간단하다** 簡単だ　□**외롭다** 寂しい
　　　□**틈틈이** 合間を縫って（暇を見つけて）

> 여자: 한국에서도 이탈리아 피자를 먹을 수 있어서 인기가 아주 많은데요. A한국에서 이탈리아의 맛을 그대로 살리는 것이 매우 어려우실 것 같습니다.
>
> 남자: 네, 맞아요. 물론 전보다는 쉬워졌지만, B여전히 외국 요리 재료를 구하는 것이 아주 어려우니까요. 그리고 C처음에는 이탈리아 현지의 맛에 익숙하지 않으신 분들이 많아서 저희 집 피자를 좋아하지 않으시는 분도 많았어요. 하지만 같은 곳에서 꾸준히 노력하니 점점 저희 피자를 좋아해 주시고 찾아 주시는 분들이 많이 생겼어요. 중간에 포기했다면 이런 날은 오지 않았을 거예요.

女性：韓国でもイタリアのピザが食べられることから、とても人気がありますが、A韓国でイタリアの味をそのまま再現するのはとても難しいと思うのですが。

男性：はい、そうですね。もちろん前よりは容易になりましたが、B相変わらず外国料理の食材を手に入れるのはとても難しいことですので。そして、C最初はイタリアの現地の味に慣れていない方が多くて、うちの店のピザが好きではない方も多かったんです。しかし、同じところで地道に努力しているうちに、だんだん、うちのピザが好きで来てくださる方がたくさんできました。途中で諦めていたら、こんな日は来なかったと思います。

Q1. 正しければ○、間違いであれば×をつけなさい。

가. 男性はイタリアでピザ屋を経営している。

나. 今や外国料理の材料を手に入れるのは簡単である。

다. 男性のピザ屋は最初から人気があった。

Q2. 男性の中心となる考えとして適切なものを選びなさい。

① 良い材料を使ってこそ料理がおいしい。

② 地道に努力することが成功の鍵である。

③ 他国の文化を学ぶことが必要である。

Q1. 가.✕ 나.✕ 다.✕

가. → A で、女性は男性が韓国でイタリア料理を作っていると言っている。

나. → B で、男性は今も外国料理の食材を手に入れるのが難しいと言っ
ている。

다. → C で、最初は男性のピザが好きではない人もたくさんいたと言っ
ている。

Q2. ②

男性は途中で諦めずに地道に努力することが重要だと言っている。したがっ
て、男性の中心となる考えは②。

単語 　□현지 現地 　□(맛을) 살리다 味を再現する 　□꾸준히 地道に

Unit 5　インタビュー

練習② 実戦練習

(1)5-6

1. 다음을 듣고 내용과 일치하는 것을 고르십시오.
① 와인은 큰 관심을 받지 못하고 있다.
② 보통 값이 비쌀수록 맛이 좋은 와인이다.
③ 최근 저렴한 와인이 많이 수입되고 있다.
④ 맛있는 와인을 고르는 것은 매우 어렵다.

2. 남자의 중심 생각을 고르십시오.
① 소비자들의 선호는 바뀌지 않는다.
② 최근 소비자들은 싸게 많이 사길 원한다.
③ 혼자 사는 소비자들이 점차 줄어들고 있다.
④ 사회가 변화하며 소비자들의 생각도 변했다.

[3-4] 다음을 듣고 답하십시오.

3. 남자의 중심 생각으로 맞는 것을 고르십시오.
① 좋은 소설책은 역사책과 같다.
② 조선 시대에 대한 공부가 필요하다.
③ 소설로 역사 공부를 하는 것은 옳지 않다.
④ 책을 쓰기 위해서는 자료 조사가 필요하다.

4. 들은 내용으로 맞는 것을 고르십시오.
① 인터뷰를 하는 남자는 역사 학자이다.
② 조선 시대의 이야기는 잘 알려져 있다.
③ 남자는 책을 쓰기 위해 혼자서 공부한다.
④ 남자의 책은 역사책으로 사용된 적이 있다.

1.

> 여자 : A많은 분들이 와인에 관심은 있지만 어떤 와인을 살지 선택하는 건 어려운 것 같습니다. 어떤 와인이 좋은 와인인가요?
> 남자 : B보통 와인은 비쌀수록 더 좋다고 생각하시지요? 또 익숙하지 않다 보니 C좋은 와인을 고르는 것도 어렵다고 생각하십니다. 하지만 사실 자신이 맛있다고 느끼는 와인이 가장 좋은 것이지요. D최근에는 다양한 국가에서 저가 와인이 들어오고 있습니다. 너무 어렵게 생각하지 마시고 도전해 보세요.

女性 : A多くの方がワインに関心がありますが、どんなワインを買うか選ぶのは難しいようです。どんなワインがいいワインですか。
男性 : B普通、ワインは高価であればあるほど良いと思いますよね？ また、慣れていないがために、C良いワインを選ぶのが難しいとも思っているでしょう。しかし、実は自分がおいしいと感じるワインが一番いいものですよね。D最近はさまざまな国から低価格のワインが入ってきています。あまり難しく考えずに挑戦してみてください。

次の音声を聞いて内容と一致するものを選びなさい。
① ワインは大きな関心を集めていない。
② 普通、値段が高いほど味がよいワインである。
③ 最近、低価格のワインが多く輸入されている。
④ おいしいワインを選ぶのはとても難しい。

1. ③
① → Aで、多くの人がワインに関心があると言っている。
② → Bは、普通、人々がワインに対して持っている考えであり、本文で言わんとする内容ではない。

Unit 5 インタビュー

③ → **D**で、最近、低価格のワインがたくさん入ってきていると言っている。

④ → **C**で、自分がおいしいと感じるワインであればよいと言っている。

単語 □와인 ワイン □익숙하다 慣れている □다양하다 さまざまだ
　　 □추천 おすすめ □저렴하다 低価格だ

2.

여자: 최근 들어 1인 가구가 많아지며 식품 업계에도 큰 변화가 있을 것 같
　　 습니다.

남자: 네, 최근 저희는 한 사람이 먹을 양으로 판매하는 것에 집중하고 있
　　 습니다. <u>전에는 소비자들이 많은 양을 싸게 사길 원했죠. 하지만 지
　　 금은 혼자 사시는 분들이 많아지면서 필요한 만큼만 사서 낭비하지
　　 않는 것을 더 좋아하는 것 같습니다.</u>

女性：最近になって単身世帯が多くなり、食品業界にも大きな変化があるよ
　　 うです。

男性：はい、最近、わが社は1人が食べる量で販売することに力を入れてい
　　 ます。<u>以前は消費者が大量に安く買うことを望んでいましたよね。し
　　 かし、今は一人暮らしの方が多くなり、必要な分だけ買って無駄にし
　　 ないことを好むようです。</u>

男性の中心となる考えを選びなさい。

① 消費者の好みは変わらない。

② 最近、消費者は安く、たくさん買うことを望む。

③ 一人暮らしの消費者が次第に減ってきている。

④ 社会が変化し、消費者の考えも変わった。

---

2. ④

男性は、最近単身世帯が多くなり、人々の考えが大量に安く買うことから
必要な分だけ買うように変わったと言っている。したがって正解は④。

単語	□1인 가구 単身世帯　□식품 업계 食品業界　□집중하다 集中する

（力を入れる）　□낭비하다 浪費する　□선호 選好（好み）

[3-4] 次の音声を聞いて答えなさい。

> 여자 : 선생님의 책 덕분에 역사에 관심을 갖게 된 분들이 많습니다. 다음에
> 준비하고 계시는 책은 어떤 이야기인가요?
> 남자 : 이번에는 A그동안 많이 알려진 조선 시대가 아닌, 삼국 시대의 이
> 야기를 준비하고 있습니다. 저도 이 시대의 이야기는 처음이라 많은
> 것을 공부하고 있는데요. 늘 부족하지만 많은 분들이 사랑해 주셔서
> 감사할 따름입니다. 다만 B저는 역사학자가 아니라는 것을 기억해
> 주십시오. 물론 C준비를 하며 여러 전문가들을 만나고 다양한 자료
> 를 참고하여 제 작품에 역사를 제대로 담고자 합니다. 하지만 그래도
> 역사책이 될 수는 없지요. 가끔 제 책을 읽고 역사를 오해하는 분들
> 이 계시는데 어디까지나 제 책은 소설입니다.

女性：先生の本のおかげで歴史に興味を持つようになった方が多いです。次
　　　に準備されている本はどんなお話ですか。
男性：今回はA今までによく知られている朝鮮時代ではなく、三国時代の
　　　物語を準備しています。私もこの時代の話は初めてなので、たくさん
　　　のことを勉強しています。至らない点も多いですが、多くの方々が愛
　　　してくださっていて感謝の気持ちでいっぱいです。ただし、B私は
　　　歴史学者ではないことを覚えておいてください。もちろんC準備を
　　　しながらいろんな専門家に会い、さまざまな資料を参考にして、私の
　　　作品に歴史をきちんと盛り込もうと思っています。しかし、それでも
　　　歴史本にはなりません。たまに私の本を読んで歴史を誤解する方がい
　　　らっしゃいますが、あくまで私の本は小説です。

3. 男性の中心となる考えとして正しいものを選びなさい。

① よい小説は歴史本と同じである。

② 朝鮮時代に関する勉強が必要である。

③ 小説で歴史の勉強をするのは正しくない。

④ 本を書くためには資料調査が必要である。

4. 聞いた内容として正しいものを選びなさい。

① インタビューを受けている男性は歴史学者である。

② 朝鮮時代の話はよく知られている。

③ 男性は本を書くために一人で勉強する。

④ 男性の本は歴史本として使われたことがある。

---

3. ③

男性は自分が歴史学者ではなく、自分の本は歴史本ではないと言っている。また、最後の部分では自分の本を読んで歴史を誤解しないでほしいと言っているので、正解は③。

4. ②

① → **B**で、男性は自分が歴史学者ではないと言っている。

② → **A**で、朝鮮時代は広く知られていると言っている。

③ → **C**で、男性は専門家に会っていると言っている。

④ → このような内容は述べられてない。

単語　□조선 시대 朝鮮時代　□삼국 시대 三国時代

　　　□역사학자 歴史学者　□자료 資料　□오해하다 誤解する

　　　□소설 小説

Unit 6 案内・ニュース

問題［14−15］

問題14は案内放送、問題15はニュースを聞いて解く問題です。

問題の種類・ポイント

問題
［14−15］

話を聞いて内容と一致するものを選ぶ。

文章を構成する6つの要素（誰が、いつ、どこで、何を、どのように、なぜ）を考えながら聞くことが大事です。話は短いですが、その内容のほとんどが選択肢に含まれているため、集中して聞きとり、誤答の選択肢にひっかからないようにしましょう。

過去問で傾向を把握しよう！

🔊)) (1)6−1

[14−15] 다음을 듣고 내용과 일치하는 것을 고르십시오.

次の音声を聞いて内容と一致するものを選びなさい。

14.

> 남자: 주민 여러분, 내일은 우리 아파트 어울림 축제가 있는 날입니다. A놀이터 옆에 아이들을 위한 미니 수영장이 설치될 예정이고, B작년에 이어 올해도 야시장이 열립니다. C오후 3시, 노래자랑 대회를 시작으로 다양한 행사가 준비되어 있으니 많은 참여 바랍니다.

① 노래자랑 대회는 오후에 한다.　② 어울림 축제는 저녁에 시작한다.
③ 올해 처음으로 야시장이 열린다.　④ 수영장은 놀이터 안에 설치했다.

〈64회 TOPIK Ⅱ 듣기 14번〉

訳

男性：住民の皆さま、明日は当マンションの交流祭りがある日です。A公園の横に子供たちのためのミニプールが設置される予定で、B昨年に続き今年も夜市が開かれます。C午後3時、のど自慢大会を皮切りにさまざまなイベントが用意されていますので、たくさんのご参加、お待ちしております。

① のど自慢大会は午後に行われる。
② 交流祭りは夕方に始まる。
③ 今年初めて夜市が開かれる。
④ プールは公園の中に設置した。

〈64回TOPIK II 聞き取り 問14〉

解答・解説

① → Cで、午後3時に始まると言っている。正解。
② → Cから、午後3時に交流祭りが始まることがわかる。
③ → Bから、去年も夜市が開かれたことがわかる。
④ → Aから、プールは公園の隣に設置されることがわかる。

単語 □축제 祭り □설치되다 設置される □야시장 夜市
　　 □참여 参加

15.

여자: A오늘 오전 8시경 인주역에서 지하철 3호선 열차에 정전 사고가 발생했습니다. 사고 열차가 10분간 멈추면서 출근길 시민들이 큰 불편을 겪었습니다. 이 열차는 B지난주에도 정전 사고가 한 차례 있었는데요. C현재 운행을 중단하고 정밀 검사를 하고 있습니다.

① 이 열차는 현재 운행 중이다.
② 이 열차는 인주역에 들어오지 못했다.
③ 이 열차는 지난주에도 정전 사고가 있었다.
④ 이 열차의 정전 사고는 늦은 밤에 발생했다.

〈64회 TOPIK Ⅱ 듣기 15번〉

訳

女性： A 今日午前8時頃、インジュ駅で地下鉄3号線の列車に停電事故が
発生しました。事故列車が10分間止まり、出勤途中の市民が大き
な不便を強いられました。この列車は B 先週も停電事故が一度あり
ました。 C 現在運転を見合わせ精密検査を行っています。

① この列車は現在運行中である。
② この列車はインジュ駅に入れなかった。
③ この列車は先週も停電事故があった。
④ この列車の停電事故は深夜に発生した。

〈64回 TOPIK Ⅱ 聞き取り 問15〉

解答・解説

① → C から、現在は運行していないことがわかる。
② → A によると、インジュ駅で事故が起きた。
③ → B によると、先週も同じ事故があった。正解。
④ → A によると、事故は午前中に発生した。

単語 　□경 頃 　□정전 停電 　□사고 事故 　□발생하다 発生する
　　　□운행 運休 　□중단 中断

147

練習① 基本練習

🔊)) (1)6-2

1. 다음을 듣고 질문에 답하시오.

1

Q1. 마지막 문장을 듣고 알 수 있는 것을 고르십시오.
① 밖에 나갈 때 입장권을 직원에게 내야 한다.
② 밖에 나갔다 들어올 때 직원이 표를 다시 확인한다.

Q2. 다시 듣고 빈칸을 채우십시오.

> 1부 공연이 끝났습니다. 지금부터 15분간 휴식 시간을 갖겠습니다. 공연장 밖으로 나가실 분들께서는 입장권을 꼭 가지고 나가시기 바랍니다. 입장권이 없으면 _____.

2

Q1. 마지막 문장을 듣고 알 수 있는 것을 고르십시오.
① 공사를 하는 동안에는 4층에 들어갈 수 없다.
② 공사 중에는 자료실을 제외한 다른 곳은 들어갈 수 있다.

Q2. 다시 듣고 빈칸을 채우십시오.

> 안내 말씀 드립니다. 내일부터 2주간 4층 자료실 내부 벽 수리 공사를 실시할 예정입니다. 공사로 인한 소음이 예상되오니 이 점 양해 부탁드립니다. 그리고 공사 기간 동안에는 _____의 출입이 불가능합니다.

3

Q1. 마지막 문장을 듣고 알 수 있는 것을 고르십시오.
① 날씨가 갑자기 추워져서 문제가 생겼다.
② 더운 날씨 때문에 기계가 고장 나서 문제가 생겼다.

Q2. 다시 듣고 빈칸을 채우십시오.

> 오늘 아침 서울에서 부산으로 가던 무궁화호 열차가 멈춰 서는 사고가 있
> 었습니다. 조사 결과 온도 조절 장치에 이상이 있었는데요. 관계자는 _____
> _____어서 문제가 생긴 것으로 보인다며 사전 점검을 더욱 철
> 저히 하겠다고 말했습니다.

4

Q1. 마지막 문장을 듣고 알 수 있는 것을 고르십시오.
① 터진 수도관을 보수해서 현재는 이상이 없다.
② 터진 부분의 위치를 찾지 못해 물이 계속 새고 있다.

Q2. 다시 듣고 빈칸을 채우십시오.

> 오전에 인주초등학교 사거리에서 수도관이 터졌습니다. 이 사고로 해당
> 지역에 세 시간째 수도 공급이 되지 않아서 주민들이 불편을 겪었습니다.
> 현재 터진 부분을 막아서 _____.

🔊 (1)6-3
2. 다음을 듣고 질문에 답하십시오.

1

Q1. 안내방송을 듣고 메모한 것입니다. 듣고 빈칸을 채우십시오.

```
언제     : _____부터
어디에서 : _____에서
무엇을   : _____를 한다.
```

Q2. 들은 내용과 일치하는 것을 고르십시오.

① 이 행사는 두 시간 동안 진행된다.

② 김치를 만드는 것을 구경할 수 있다.

③ 김치를 만들어서 집에 가지고 갈 수 있다.

2

Q1. 뉴스를 듣고 메모한 것입니다. 듣고 빈칸을 채우십시오.

언제　　 : (저녁, 새벽) _____에
어디에서 : _____에서
무슨 일이 생겼나?: _____.

Q2. 들은 내용과 일치하는 것을 고르십시오.

① 화재 때문에 다친 사람은 한 명도 없었다.

② 소방차가 일찍 도착해서 불은 금방 꺼졌다.

③ 기숙사까지 불이 퍼져서 직원들이 대피했다.

練習① 基本練習　訳と解答

1. 次の音声を聞いて質問に答えなさい。

1

Q1. 最後の文を聞いてわかることを選びなさい。
① 外に出る時、入場券をスタッフに出さなければならない。
② 外に出て再入場する時、スタッフがチケットをもう一度確認する。

Q2. もう一度聞いて空欄を埋めなさい。
男性：1部の公演が終了いたしました。ただ今より15分間休憩でございます。
　　　会場の外へ出られる方は、A入場券を必ず持って出られるようお願
　　　いいたします。入場券がなければ＿＿＿＿＿＿＿＿＿＿＿。

2

Q1. 最後の文を聞いてわかることを選びなさい。
① 工事中は4階に入ることができない。
② 工事中は資料室を除く他の場所には入ることができる。

Q2. もう一度聞いて空欄を埋めなさい。
女性：ご案内いたします。明日から2週間、4階の資料室の内部壁の修理工
　　　事を行う予定です。工事による騒音が予想されますので、ご了承くだ
　　　さい。また工事期間中は＿＿＿＿＿＿＿＿＿の出入りができません。

3

Q1. 最後の文を聞いてわかることを選びなさい。
① 天気が急に寒くなり問題が生じた。
② 暑い天気のせいで機械が故障し、問題が生じた。

Q2. もう一度聞いて空欄を埋めなさい。
男性：今朝、ソウルから釜山に向かっていたムグンファ号（列車）が止まる
　　　事故がありました。調査の結果、温度調節装置に異常がありました。
　　　関係者は、＿＿＿＿＿＿＿＿＿＿＿＿て問題が生じたと見て、事前点検を
　　　より一層徹底していくと述べました。

4

Q1. 最後の文を聞いてわかることを選びなさい。
① 破裂した水道管を補修して現在は異常がない。
② 破裂した部分の位置が見つからず、水が漏れつづけている。

Q2. もう一度聞いて空欄を埋めなさい。

女性：午前中インジュ小学校の交差点で水道管が破裂しました。この事故で付近の地域に3時間も水道水が供給されず、住民が不便を強いられました。現在破裂した部分をふさいだので＿＿＿＿＿＿＿＿＿＿＿＿。

> **Q1.** ①
> 「破裂した部分をふさいだ」と言っているため、現在は水漏れがないことがわかる。
>
> **Q2.** 더 이상 물이 새 나오지 않습니다 もう水は漏れていません
>
> **単語** □**수도관** 水道管　□**터지다** 破裂する　□**공급** 供給
> 　　　　□**새다** 漏れる

2. 次の音声を聞いて質問に答えなさい。

1

> 여자: 오늘도 저희 '김치 박물관'을 찾아 주신 여러분께 감사드립니다. 저희 '김치 박물관'에서는 잠시 후 두 시, A두 시부터 김치 만들기 행사를 시작합니다. 김치를 직접 만들어 보고 싶은 분들께서는 지금 바로 일 층 전시실로 오시기 바랍니다. B김치를 만들고 난 후에는 직접 만든 김치를 가지고 가실 수 있습니다. 많은 참여 부탁드립니다.

女性：今日も我々の「キムチ博物館」にお越しいただいた皆様に感謝いたします。当「キムチ博物館」では後ほど2時、A2時からキムチ作りイベントを開始します。キムチを自分で作ってみたい方は、今すぐ1階の展示室にお越しください。Bキムチを作った後は自分で作ったキムチを持ち帰ることができます。たくさんのご参加をお待ちしております。

153

Q1. 案内放送を聞いてメモをします。音声を聞いて空欄を埋めなさい。

いつ　：＿＿＿＿＿＿＿＿＿＿＿から

どこで：＿＿＿＿＿＿＿＿＿＿＿で

何を　：＿＿＿＿＿＿＿＿＿＿＿をする。

Q2. 聞いた内容と一致するものを選びなさい。

① このイベントは2時間行われる。

② キムチを作るのを見学できる。

③ キムチを作って家に持ち帰ることができる

Q1. いつ：두시 2時　どこで：일 층 전시실 1階の展示室

　　　 何を：김치 만들기 행사 キムチ作りのイベント

Q2. ③

① → 何時間イベントが行われるのかはわからない。

② → **A**で、見物するのではなくキムチを作ってみるイベントだと言っている。

③ → **B**から、キムチを作った後に家に持ち帰れることがわかる。

単語　□전시실 展示室

2

남자: 오늘 새벽 5시경 경기도 인주시의 한 가구 공장에서 불이 났습니다. **A**소방차 다섯 대가 출동했으나 강풍이 불어 화재를 진압하는데 어려움을 겪었습니다. **B**직원들이 출근 전이라 인명 피해는 발생하지 않았으나 **C**공장 옆에 직원 기숙사가 있어 하마터면 큰 사고로 이어질 수 있는 상황이었습니다. 이 불로 공장 창고가 불에 타고 약 칠천만 원의 재산 피해가 발생했습니다.

男性：今日の午前5時頃、京畿道インジュ市のある家具工場で火災が発生しました。A消防車5台が出動しましたが、強風が吹いて火災を鎮圧するのに困難がありました。B従業員の出勤前だったため、人的被害は発生しませんでしたが、C工場の隣に社員寮があり、危うく大事故につながるところでした。この火事で工場の倉庫が焼け、約7000万ウォンの（財産）被害が発生しました。

Q1. ニュースを聞いてメモをします。音声を聞いて空欄を埋めなさい。

いつ　　：＿＿＿＿＿＿＿＿＿＿＿＿に

どこで：＿＿＿＿＿＿＿＿＿＿＿＿で

何か起きたか：＿＿＿＿＿＿＿＿＿＿＿＿

Q2. 聞いた内容と一致するものを選びなさい。

① 火災でけがをした人は一人もいなかった。

② 消防車が早く到着して火はすぐ消えた。

③ 寮まで火が広がり従業員が避難した。

Unit 6　案内・ニュース

Q1. いつ：새벽 다섯 시 **午前5時**

　　　どこで：인주시 가구 공장 **インジュ市の家具工場**

　　　何か起きたか：화재가 발생했다 **火災が発生した**

Q2. ①

① → B で、人的被害が発生していないと言っているので、けがをした人はいないとわかる。

② → A から、強い風のせいで火事を消すのが難しかったことがわかる。

③ → C から、寮が隣にあったが火は燃え広がらなかったことがわかる。

単語　□**강풍** 強風　□**화재** 火災　□**진압하다** 鎮圧する

　　　□**인명 피해** 人的被害　□**발생하다** 発生する

🔊))(1)6-4

[1-2] 다음을 듣고 내용과 일치하는 것을 고르십시오.

1.
① 두 시간 동안 주차를 하면 주차비는 천 원이다.
② 주말에도 평일과 똑같은 주차 요금을 내야 한다.
③ 다음 달부터 주차 요금이 기존 요금보다 비싸진다.
④ 이번 달에는 주차를 할 때 돈을 내지 않아도 된다.

2.
① 눈 때문에 자동차가 미끄러져서 사고가 났다.
② 내일도 제주도로 가는 비행기가 없을 것이다.
③ 제주도 일부 지역은 현재 통행이 금지되어 있다.
④ 내일은 기온이 올라 눈이 비로 바뀌어 내릴 것이다.

[1-2] 次の音声を聞いて内容と一致するものを選んでください。

1.

> 남자: 안내 말씀 드리겠습니다. **A**그동안 인주공원의 주차장을 무료로 개방하였으나 **B**다음 달 1일부터 공원 내 주차가 유료로 전환됩니다. 단 **C**주차 후 3시간까지는 무료이고 그 이후부터는 삼십 분당 천 원의 요금이 발생합니다. **D**유료로 운영되는 시간은 평일 오전 8시부터 밤 12시까지이며 그 외의 시간에는 기존과 똑같이 무료로 이용이 가능합니다. 공원 이용객들의 협조 부탁드립니다. 감사합니다.

> 男性：ご案内申し上げます。**A**これまでインジュ公園の駐車場を無料で開放してきましたが、**B**来月1日から公園内の駐車が有料になります。ただし、**C**駐車後3時間までは無料で、その後は30分ごとに1000ウォンの料金が発生します。**D**有料で運営されている時間は平日の午前8時から夜12時までで、その他の時間は従来と同じように無料でご利用いただけます。公園をご利用の皆様のご協力をよろしくお願いいたします。ありがとうございます。

① 2時間駐車すると駐車料金は1000ウォンである。
② 週末も平日と同じ駐車料金を払わなければならない。
③ 来月から駐車料金が従来の料金より高くなる。
④ 今月は駐車をする時、料金を払わなくてもよい。

正解 ④

① → **C**によると、駐車して3時間までは無料。
② → **D**で、平日の午前8時から夜12時まで以外は無料と言っている。
③ → **A**から、以前は駐車するときにお金を払っていなかったことがわかる。
④ → **B**によると、来月から有料に変わるので今月はお金を払わなくてよい。

単語　□**개방하다** 開放する　□**전환되다** 転換される
　　　□**(요금이) 발생하다** (料金が) 発生する　□**운영되다** 運営される

157

2.

> 여자 : 날씨입니다. 현재 제주도에는 폭설이 내리고 있는데요. 갑자기 내리
> 는 많은 눈으로 인해 A차량이 눈길에 고립되는 사고까지 발생했습
> 니다. 오늘 저녁 8시부터는 제주도를 오고가는 항공기의 운항도 중
> 단되고 B도로 곳곳이 전면 통제되었습니다. 기온이 0도 이하로 떨
> 어지면서 많은 눈이 쌓이고 있는데요. C내일 오전에는 눈이 그치고
> 기온도 올라 항공기 운항도 재개될 것으로 예상됩니다.

女性 : お天気です。現在済州島には大雪が降っています。突然の大雪により、
　　　 A車が雪道で孤立する事故まで発生しました。今日の夜8時からは済
　　　 州島を行き来する航空機の運航も中断され、B道路の多くのところ
　　　 で全面規制がなされました。気温が0度以下に下がり、多くの雪が積
　　　 もっている状況です。C明日の午前中には雪が止み、気温も上昇し、
　　　 航空機の運航も再開されると予想されます。

① 雪のため車が滑り、事故が起きた。
② 明日も済州島行きの飛行機がないだろう。
③ 済州島の一部地域は現在通行を禁止されている。
④ 明日は気温が上がり、雪が雨に変わるだろう。

正解 ③
① → A によると、車が滑ったのではなく、雪で移動できなくなったので
　　 誤り。
② → C によると、明日の午前中には飛行機が利用できる。
③ → B から、道路が規制された場所があることがわかる。
④ → C で、明日は午前中に雪が止むと言っているが、雨になるとは言っ
　　 ていない。

単語　□**고립되다** 孤立する　□**운항** 運航　□**중지되다** 中止される
　　　 □**통제되다** 統制される　□**재개되다** 再開される

Chapter 2

Unit 1 　討論

問題［31－32］

問題31-32は討論を聞いて男性の考えと態度を選ぶ問題です。1つの音声に
つき、2問が出題されます。

問題の種類・ポイント

<table>
<tr>
<td>問題
［31］</td>
<td>男性の考えとして適切なものを選ぶ。
主に会話の前半に討論のテーマが提示されます。男性と女性の意見は完全に反対の場合もあれば、一部だけ異なる場合もあるので、注意して聞きましょう。</td>
</tr>
<tr>
<td>問題
［32］</td>
<td>男性の態度として適切なものを選ぶ。
男性の討論における態度を表しているものを選択肢から選びます。選択肢では別の表現に言い換えられることもあるので、討論に関する表現を知っておくとよいでしょう。</td>
</tr>
</table>

●討論に関する表現

表現	例（問題の音声で流れる内容）
찬성하다 賛成する	저도 같은 생각입니다. 민수 씨 의견에 찬성합니다. 私も同じ考えです。ミンスさんの意見に賛成です。
반대하다 反対する	제 생각은 다릅니다. 민수 씨 의견에 반대합니다. 私の考えは違います。ミンスさんの意見に反対します。
반박하다 反論する	민수 씨의 의견은 현실성이 떨어집니다. 그 자료의 분석은 올바르지 않습니다. ミンスさんの意見は現実性が乏しいです。その資料の分析は正しくありません。

表現	例（問題の音声で流れる内容）
분석하다 分析する	자료를 자세히 연구하고 살펴보면 다음과 같습니다. 資料を詳しく研究して調べてみると、次のようになります。
염려하다 心配する	그 제도가 생긴다면 앞으로 어려움이 많을 겁니다. その制度ができたら今後困難が多いでしょう。
인정하다 認める	그 부분은 제 의견보다는 민수 씨의 의견이 나은 것 같습니다. その部分は私の意見よりはミンスさんの意見が良いと思います。
비판하다 批判する	어떻게 이런 행동을 할 수 있습니까? 그 방법은 너무 소극적인 것 같은데요. どうしてこんな行動ができますか？ その方法はあまりにも消極的なようですが。
설득하다 説得する	민수 씨, 이렇게 많은 이유가 있으니 제 말대로 합시다. ミンスさん、こんなにたくさんの理由があるので、私の言うとおりにしましょう。
회의적이다 懐疑的だ	과연 그 예상대로 진행될 수 있을까요? 전 효과가 없을 것 같은데요. 果たしてその予想通りに進むことができるでしょうか？ 私は効果がないと思いますが。
사례를 들다 事例を挙げる	실제로 이런 일이 있었습니다. 김민수 씨의 이야기가 그 예입니다. 実際にこんなことがありました。キム・ミンスさんの話がその例です。
근거를 들다 根拠を挙げる	신문 기사에 따르면 다음과 같습니다. 이에 대한 자료 조사 결과도 있습니다. 新聞記事によると次のとおりです。これに関する資料調査の結果もあります。

Unit 1 / 討論

🔊))) (2)1-1

[31-32] 다음을 듣고 물음에 답하십시오.

次の音声を聞いて問いに答えなさい。

> 여자: 재학생을 대상으로 한 창업 지원 사업은 사전 교육을 강화하는 방향으로 가야 한다고 생각합니다.
>
> 남자: 사전 교육과 함께 창업 지원금을 늘려서 더 많은 **A**학생들이 실제로 창업을 해 보게 하는 건 어떨까요?
>
> 여자: 지금 상황에서 창업을 해 보게 하는 건 좀 이르지 않을까요? 교육이 부족하면 창업 과정에서 어려움이 많을 겁니다.
>
> 남자: **B**직접 부딪혀 봐야 배울 수 있는 것도 있잖아요. 그게 진정한 의미의 창업 교육인 것 같아요.

31. 남자의 생각으로 알맞은 것을 고르십시오.

① 창업 사전 교육을 강화해야 한다.
② 학생들이 창업을 직접 해 보게 해야 한다.
③ 학생들에게 창업 지원 사업을 홍보해야 한다.
④ 창업 지원 사업의 시행 기간을 연장해야 한다.

32. 남자의 태도로 알맞은 것을 고르십시오.

① 사업의 효과를 회의적으로 바라보고 있다.
② 사례를 들어 상대방의 주장을 반박하고 있다.
③ 상황을 분석하면서 발생할 문제를 염려하고 있다.
④ 상대의 의견을 일부 인정하며 다른 주장을 하고 있다.

〈64회 TOPIK Ⅱ 듣기 31-32번〉

訳

女性：在学生を対象とした起業支援事業は、事前教育を強化する方向に進むべきだと思います。

男性：事前教育とともに企業支援金を増やして、より多くの A 学生が実際
　　　に起業を試みるように促すのはどうでしょうか？

女性：今の状況で起業を試みるように促すのは少し早いのではないでしょ
　　　うか？　教育が足りなければ起業の過程で困難なことが多いと思い
　　　ます。

男性：B 実際にぶつかることで学べることもあるじゃないですか。それが
　　　本当の意味での起業教育だと思います。

31. 男性の考えとして適切なものを選びなさい。

① 起業の事前教育を強化しなければならない。

② 学生たちが起業を実際に試みるように促さなければならない。

③ 学生たちに起業支援事業を広報しなければならない。

④ 起業支援事業の施行期間を延長しなければならない。

32. 男性の態度として適切なものを選びなさい。

① 事業の効果を懐疑的に見ている。

② 例を挙げて相手の主張に反論している。

③ 状況を分析しながら発生する問題を懸念している。

④ 相手の意見を一部認め、異なる主張をしている。

〈64回 TOPIK Ⅱ 聞き取り　問31–32〉

解答・解説

31.

討論のテーマは「在学生を対象とした起業支援事業の方向」についてである。
A と B から、男性は経験を重視していることがわかるので②が正解。①
は女性の意見なので誤り。

32.

最初の文で女性は「事前教育を強化」しなければならないと述べている。
男性は女性のこの意見に加えて自分の意見を提示しているので、④が正解。
男性は具体的な例を述べていないので②は誤り。

単語　□창업 創業／起業　□사전 교육 事前教育　□강화하다 強化する
　　　□지원 支援　□부딪히다 ぶつかる

◀)) (2)1-2

1. 다음을 듣고 질문에 답하십시오.

1

Q1. 남자의 생각으로 알맞은 것을 고르십시오.

① 파파라치가 기자들의 취재 활동을 방해하는 경우가 많다.

② 파파라치의 활동 덕분에 꼭 필요한 정보를 얻게 될 때도 있다.

Q2. 대화를 듣고 메모한 것입니다. 다시 듣고 빈칸을 채우십시오.

> - 파파라치에 대한 여자와 남자의 견해
> 여자 : 정상적인 취재 활동이라고 볼 수 없다.
> 남자 : ＿＿＿＿＿＿＿＿＿＿이라고 볼 수 있다.

2

Q1. 남자의 생각으로 알맞은 것을 고르십시오.

① 실적이 좋은 사람이 더 좋은 평가를 받아야 하는 것이 당연하다.

② 경쟁을 부추기는 것은 옳지 않으므로 회사의 결정에 따를 수 없다.

Q2. 대화를 듣고 메모한 것입니다. 다시 듣고 빈칸을 채우십시오.

> - 직원 평가 방안에 대한 여자와 남자의 견해
> 여자 : 경쟁보다 협동을 중시하는 회사의 이념에 따른 결정이라고 생각한다.
> 남자 : 열심히 일해서 ＿＿＿＿＿＿＿＿＿은 사람에게 ＿＿＿＿＿＿
> ＿＿＿＿.

3

Q1. 대화를 듣고 알맞은 것을 고르십시오.

① 남자는 난치병 환자의 사례를 들어 안락사에 반대하고 있다.

② 여자는 방송사의 설문 조사 내용을 근거로 안락사에 찬성하고 있다.

Q2. 대화를 듣고 메모한 것입니다. 다시 듣고 빈칸을 채운 후 알맞은 것을 고르십시오.

- 상대에 대한 남자의 태도

남자: 여자의 주장은 ＿＿＿＿＿＿＿＿＿＿일 뿐이다. 법조계 전문가와
    의사들은 같은 질문에 대해 78%가 반대한다고 했다.

➡ 근거에 대한   (a) 반박   (b) 동의

4

Q1. 대화를 듣고 알맞은 것을 고르십시오.

① 여자는 기여 입학제에 대해 회의적이다.

② 남자는 여자의 의견을 듣고 생각이 바뀌었다.

Q2. 대화를 듣고 메모한 것입니다. 다시 듣고 빈칸을 채운 후 알맞은 것을 고르십시오.

- 상대에 대한 남자의 태도
- 남자: 물론 부작용도 있지만 다른 대학교의 ＿＿＿＿＿＿＿＿＿를 보
    면 그렇지 않다. 우리 학교도 진지하게 ＿＿＿＿＿＿＿＿＿야
    한다.

➡ 사례를 들어   (a) 설득하고 있다   (b) 반대하고 있다

🔊)) (2)1-3

2. 다음을 듣고 질문에 답하십시오.

1

Q1. 들은 내용으로 맞는 것을 연결하십시오.

남자 ·   · 가. 범죄자 신상공개에 ·   · (a) 부작용이 우려되기
                 찬성한다   때문에

여자 ·   · 나. 범죄자 신상공개에 ·   · (b) 안전이 최우선이기
                 반대한다   때문에

Q2. 남자와 여자의 태도로 맞는 것을 고르십시오.

① 여자는 상대의 의견을 일부 인정하고 있다.

② 남자는 구체적인 예를 들어 상대의 의견을 반박하고 있다.

③ 남자는 참고 자료를 분석하면서 정부의 의견을 비판하고 있다.

2

Q1. 들은 내용으로 맞는 것을 연결하십시오.

남자 ·   · 가. 정부의 규제에 ·   · (a) 환경 문제가 심각하기
                 찬성한다   때문에

여자 ·   · 나. 정부의 규제에 ·   · (b) 개인의 선택이 중요하기
                 반대한다   때문에

Q2. 남자와 여자의 태도로 맞는 것을 고르십시오.

① 여자는 정부의 규제에 대해 회의적이다.

② 남자는 상대의 말을 듣고 의견을 바꾸고 있다.

③ 여자는 여러 가지 근거를 들어 주장하고 있다.

1. 次の音声を聞いて質問に答えなさい。

①

> 여자 : 파파라치는 정상적인 기자의 취재 활동이라고 보기 어렵습니다. 그
> 　　　동안 많은 유명인들이 사생활 침해 문제로 고통 받지 않았습니까?
> 남자 : 사생활 침해 문제가 있긴 하지만 <u>때로는 파파라치를 통해 사람들이</u>
> 　　　<u>꼭 알아야 할 중요한 사건이 알려지기도 합니다.</u> 열정적인 취재 활동
> 　　　이라고 볼 수 있지 않을까요?

女性：パパラッチは正常な記者の取材活動と見なすのは難しいです。これま
　　　で、多くの有名人がプライバシー侵害の問題に苦しめられてきたので
　　　はありませんか？

男性：プライバシー侵害の問題はありますが、<u>時にはパパラッチを通じて人々</u>
　　　<u>が必ず知っておくべき重要な事件がわかることもあります。</u>情熱的な
　　　取材活動と見なすことができるのではないでしょうか？

Q1. 男性の考えとして適切なものを選びなさい。
① パパラッチが記者の取材活動を妨害する場合が多い。
② パパラッチの活動のおかげで、必ず必要な情報を得ることができる時も
　 ある。

Q2. 会話を聞いてメモしたものです。もう一度聞いて空欄を埋めなさい。
－パパラッチに対する女性と男性の見解
女性：正常な取材活動と考えられない。
男性：＿＿＿＿＿＿＿＿＿＿＿と考えられる。

> **Q1.** ②
> 女性はプライバシー侵害の問題を根拠としてパパラッチの活動に反対して
> いる。一方、男性は女性の意見に一部同意するものの、人々が知っておく

167

べき重要な事件がわかることもあると述べているので、②が正解。

Q2. 열정적인 취재 활동 情熱的な取材活動

単語 □**파파라치** パパラッチ □**취재** 取材 □**사생활 침해** プライバシー
侵害

2

남자: 부서 전체의 실적을 직원 수로 나누어서 모두 똑같이 평가한다니요?
　　　 저는 받아들일 수 없습니다.
여자: '한 사람의 열 걸음보다 열 사람의 한 걸음'이라는 말도 있지 않습니
　　　 까? 경쟁보다 협동을 중시하는 회사의 이념에 따른 올바른 결정이라
　　　 고 생각합니다.
남자: 하지만 그래도 <u>열심히 일해서 실적이 좋은 사람에게는 불합리한 것
　　　 같습니다.</u>

男性：部署全体の実績を職員数で分けて、全員同じように評価するってこと
　　　 ですか？　私は受け入れることができません。
女性：「一人の十歩より十人の一歩」という言葉もありますよね？　競争より
　　　 協同を重視する会社の理念に沿った正しい決定だと思います。
男性：しかし、それでも<u>一生懸命働いて実績がいい人にとっては理不尽だと
　　　 思います。</u>

Q1. 男性の考えとして適切なものを選びなさい。
① 実績のいい人がもっと良い評価を受けなければならないのが当然である。
② 競争をあおるのは正しくないので、会社の決定に従うことはできない。

Q2. 会話を聞いてメモしたものです。もう一度聞いて空欄を埋めなさい。
– 従業員評価方法に関する女性と男性の見解
女性：競争より協同を重視する会社の理念に沿った結論だと思う。
男性：一生懸命働いて＿＿＿＿＿＿＿＿＿人に＿＿＿＿＿＿＿＿＿＿。

Q1. ①

男性は実績がいい人が良い評価を受けるべきなのに、会社の決定はそうで
はないので「理不尽だ」と言っている。したがって①が正解。

Q2. 실적이 좋 **実績がいい**, 불합리하다 **理不尽だ**

単語 □**실적** 実績 □**불합리하다** 不合理だ（理不尽だ） □**이념** 理念
　　 □**올바르다** 正しい □**부추기다** あおる

3

여자: 안락사에 대해 반대하는 의견이 많은데, **A** 여기 이 자료를 보면 생
　　 각이 달라지실 겁니다. 얼마 전 한 방송사에서 난치병 환자들을 대상
　　 으로 조사했는데, 59%가 안락사에 적극적으로 찬성한다고 대답했
　　 습니다.
남자: 말씀하신 것은 **B** 그 조사 결과의 일부일 뿐입니다. 법조계 전문가와
　　 의사들은 같은 질문에 대해 78%가 반대한다고 했습니다.

女性：安楽死について反対する意見が多いですが、**A** こちらのこの資料を
　　　見れば、お考えが変わるでしょう。先日、ある放送局が難病患者を対
　　　象に調査したところ、59%が安楽死に積極的に賛成すると答えました。
男性：おっしゃっていることは、**B** その調査結果の一部に過ぎません。法曹
　　　界の専門家と医師は、同じ質問に対して78%が反対すると答えました。

Q1. 会話を聞いて適切なものを選びなさい。
① 男性は難病患者の事例を挙げて安楽死に反対している。
② 女性は放送局のアンケート調査内容を根拠にして安楽死に賛成している。

Q2. 会話を聞いてメモしたものです。もう一度聞いて空欄を埋め、正しいも
　　　のを選びなさい。
- 相手に対する男性の態度

男性：女性の主張は＿＿＿＿＿＿＿＿＿であるだけだ。法曹界の専門家と
　　　医師は同じ質問に対して78%が反対すると答えた。

➡ 根拠に対する　　(a) 反論　　(b) 同意

Q1. ②
女性は A のように述べ、難病患者の多数が安楽死に賛成しているという放
送局の調査資料があると話している。したがって、②が正解。
Q2. 그 조사 결과의 일부　その調査結果の一部
(a) 반박 ➡ 男性は女性が根拠として提示した資料の問題点を述べている。

単語　□안락사 安楽死　□난치병 難病　□법조계 法曹界

4

여자: 돈을 내면 대학교에 입학시켜 준다는 게 말이 됩니까? A 우리 학교
　　　가 기여 입학제를 받아들이게 되면 형편이 좋지 못한 사람들에게 박
　　　탈감만 주게 될 거예요.
남자: 물론 부작용도 있지만 여기 인주대학교의 작년 사례를 한 번 보십시
　　　오. 기여 입학제를 통해서 입학한 학생 수가 한 명인데, 그 덕분에 장
　　　학금을 받은 학생은 열 명이나 됩니다. 실제로 장학금을 받은 학생
　　　모두가 고맙다는 뜻을 전했고요. 우리 학교도 진지하게 고민을 해 보
　　　는 게 어떨까요?

女性：お金を払えば大学に入学させてくれるということがあり得るのですか。
　　　A うちの学校が寄与入学制を受け入れることになったら、経済状況
　　　がよくない人に剥奪感を与えるだけです。
男性：もちろん副作用もありますが、こちらのインジュ大学の昨年の事例を
　　　一度見てください。寄与入学制を通じて入学した学生数が1人ですが、
　　　そのおかげで奨学金を受けた学生は10人にもなります。実際に奨学
　　　金を受け取った学生全員が感謝の意を伝えました。うちの学校も真剣
　　　に考えてみてはどうでしょうか。

Q1. 会話を聞いて適切なものを選びなさい。

① 女性は寄与入学制に懐疑的だ。

② 男性は女性の意見を聞いて考えが変わった。

Q2. 会話を聞いてメモしたものです。もう一度聞いて空欄を埋め、正しいものを選びなさい。

－相手に対する男性の態度

男性：もちろん副作用もあるが、他の大学の_____を見れば
　　　そうではない。うちの学校も真剣に_____なければな
　　　らない。

➡ 事例を挙げて　　(a) 説得している　　(b) 反対している

2. 次の音声を聞いて質問に答えなさい。

1

여자 : 요즘 범죄자 신상 공개 문제 때문에 시끄러운데요, 저는 정부가 Ａ 더
　　　적극적으로 많은 정보를 공개해야 한다고 생각합니다.

남자 : Ｂ범죄자에 대한 정보를 안다고 무슨 도움이 됩니까? Ｃ오히려 범
　　　죄자 가족에게 악영향만 끼치게 되는 건 아닐까요?

여자 : 내 이웃 중에 범죄자가 있다고 생각해 보세요. 저처럼 혼자 사는 사

람은 **D**그런 정보를 참고하면 평소에 더 조심할 수 있어요.

남자: 모든 범죄자가 계속해서 범죄를 저지르는 건 아니에요. 5년 전 '김민수 사건' 아시죠? 감옥에서 나온 뒤에 그 사람은 오히려 봉사활동을 열심히 하면서 모범적으로 살고 있어요.

女性：最近、犯罪者の身元公開の問題が騒がれていますが、私は政府が **A**より積極的に多くの情報を公開すべきだと思います。

男性：**B**犯罪者に関する情報を知ったとして何の役に立ちますか？　**C**むしろ犯罪者の家族に悪影響を及ぼすだけではないでしょうか？

女性：自分の隣人の中に犯罪者がいると考えてみてください。私みたいに一人暮らしの人は、**D**そのような情報を参考にすれば、普段からもっと気をつけることができます。

男性：すべての犯罪者が続けて罪を犯すわけではありません。5年前の「キム・ミンス事件」ご存知ですよね？　刑務所から出た後、その人はむしろボランティア活動を熱心にしながら模範的に生きています。

Q1. 聞いた内容として正しいものを線で結びなさい。

男性・　　　　・가. 犯罪者の身元公開・　　　・(a) 副作用が憂慮され
　　　　　　　　に賛成する　　　　　　　　　るため

女性・　　　　・나. 犯罪者の身元公開・　　　・(b) 安全が最優先であ
　　　　　　　　に反対する　　　　　　　　　るため

Q2. 男性、女性の態度として適切なものを選びなさい。

① 女性は相手の意見を一部認めている。

② 男性は具体的な例を挙げて、相手の意見に反論している。

③ 男性は参考資料を分析して、政府の意見を批判している。

Q1. 男性―나―(a)，女性―가―(b)

犯罪者の身元公開の問題について話している。**A**から女性は賛成する立場で、**D**で安全に気をつけやすくなると述べている。男性は**B**から反対の

172

立場を取っているとわかり、**C**のように悪い影響が生じるのではないかと心配している。

Q2. ②

男性は**B**でこの問題に反対している。また、5年前に実際にあった事件を例に出し、女性の意見と真っ向から対立しているので②が正解。女性は男性の意見を全く認めていないので①は誤り。

単語 □**신상 공개** 身元公開 □**범죄자** 犯罪者 □**감옥** 刑務所、監獄
　　　□**부작용** 副作用

2

남자: 정부가 마트에서의 비닐봉지 사용을 금지했는데요, **A**법으로까지 제한하는 건 너무 과하다고 생각합니다.

여자: 비닐봉지 때문에 오염된 이 바다 사진을 보십시오. 보시다시피 환경 오염 문제가 심각합니다. **B**환경을 우선시하는 법이라고 생각하고 불편해도 참아야죠.

남자: 물론 환경을 생각해서 비닐봉지 사용을 줄여야 하는 것은 맞지만 그건 **C**개인의 선택에 맡겨야 할 문제라고 생각해요.

여자: 개인의 선택에 맡기기에는 이미 늦었어요. 많은 전문가들이 이미 정부 차원에서 환경오염을 해결하기 위해 나서지 않으면 안 된다고 경고했습니다.

男性：政府がスーパーでのビニール袋の使用を禁止しましたが、**A**法によって制限するのはあまりにもやり過ぎだと思います。

女性：ビニール袋のせいで汚染したこの海の写真を見てください。ご覧のとおり、環境汚染問題が深刻です。**B**環境を優先する法律だと考えて、不便でも我慢しなければなりませんよ。

男性：もちろん環境を考えてビニール袋の使用を減らさなければならないのは間違っていませんが、それは**C**個人の選択に任せる問題だと思います。

女性：個人の選択に任せるにはもう手遅れです。多くの専門家がすでに政府
　　　のレベルで環境汚染を解決するために取り掛からなければならないと
　　　警告しています。

Q1. 聞いた内容として正しいものを線で結びなさい。

男性・　　　　・가. 政府の規制に賛成・　　　　・(a) 環境問題が深刻で
　　　　　　　　　　する　　　　　　　　　　　　　　あるため

女性・　　　　・나. 政府の規制に反対・　　　　・(b) 個人の選択が重要
　　　　　　　　　　する　　　　　　　　　　　　　　であるため

Q2. 男性、女性の態度として適切なものを選びなさい。
① 女性は政府の規制に懐疑的である。
② 男性は相手の話を聞いて意見を変えている。
③ 女性はいろいろな根拠を挙げて主張している。

Q1. 男性―나―(b)，女性―가―(a)
Ａで男性は政府の規制が行き過ぎだと言っているので反対の立場である。
ビニール袋の使用を減らす必要性は認めながらも、Ｃのように個人の選択
に任せるべきだと考えている。一方、女性はＢで環境汚染の問題について
述べながら、政府の規制に賛成している。
Q2. ③
女性は汚染された海の写真と専門家の意見を根拠として挙げ、自分の意見
を補強している。

単語　□제한하다 制限する　□과하다 過度だ　□우선시하다 優先する
　　　□차원 次元、レベル

✎ 練習② 実戦練習

🔊)) (2)1-4

[1-2] 다음을 듣고 물음에 답하십시오.

1. 남자의 생각으로 알맞은 것을 고르십시오.
① 약은 쉽게 살 수 있는 것이어야 한다.
② 약을 처방할 수 있는 권한을 더 늘려야 한다.
③ 약은 전문가의 처방을 받아 복용하는 것이 안전하다.
④ 편의점에서 약 판매를 하게 되면 병원에 가는 사람이 줄게 된다.

2. 남자의 태도로 알맞은 것을 고르십시오.
① 앞으로 발생할 문제를 염려하고 있다.
② 상대방의 의견을 일부 인정하고 있다.
③ 자료를 분석하며 상대 주장을 반박하고 있다.
④ 전문 지식을 활용해서 상대방의 주장을 뒷받침하고 있다.

Unit 1

討論

[1-2] 次の音声を聞いて問いに答えなさい。

> 여자: 편의점에서 판매하는 약 종류를 지금보다 더 늘려야 한다고 생각합니다.
>
> 남자: A약을 너무 쉽게 살 수 있게 되면 남용하거나 오용할 가능성이 높아지지 않을까요? 약물 중독이 생길 수도 있고요.
>
> 여자: 그건 개인이 자제할 수 있는 문제라고 생각해요. 병원과 약국이 문을 닫은 시간에 갑자기 아플 수도 있잖아요.
>
> 남자: B전문가의 처방 없이 약을 잘못 복용하는 것은 생각보다 위험합니다. 약이란 것은 일반 식품과 달라서 그렇게 쉽게 사 먹도록 허용하면 안 돼요.

女性：コンビニで販売する薬の種類を今よりも増やすべきだと思います。

男性：A薬が簡単に買えるようになると、乱用したり誤用したりする可能性が高くなるのではないでしょうか。薬物中毒になることも考えられます。

女性：それは個人が自制できる問題だと思います。病院と薬局が閉まっている時間に急に痛くなることもあるじゃないですか。

男性：B専門家による処方なしで薬を誤って服用するのは思っているよりも危険です。薬というのは一般の食品と違うので、そうやって簡単に買って飲めるように許可してはいけません。

1. 男性の考えとして適切なものを選びなさい。

① 薬は簡単に買えるものでなければならない。

② 薬を処方する権限をもっと増やさなければならない。

③ 薬は専門家の処方を受けて服用したほうが安全である。

④ コンビニで薬を販売することになれば、病院に行く人が減ることになる。

2. 男性の態度として適切なものを選びなさい。

① 今後、発生する問題を懸念している。

② 相手の意見を一部認めている。

③ 資料を分析し、相手の主張に反論している。

④ 専門知識を活用して相手の主張を裏付けている。

---

1. ③

B から男性の考えがわかるので③が正解。①は女性の考えで、②は専門家による処方が重要だと主張している男性の考えと反対なので誤り。

2. ①

A で男性はコンビニでより多くの薬が販売された場合に生じる問題を挙げて心配しているので①が正解。

単語　□**남용** 乱用　□**오용** 誤用　□**자제하다** 自制する

　　　□**처방하다** 処方する　□**뒷받침하다** 裏付ける

問題［29-30］［37-38］

問題29-30、37-38は専門家へのインタビューを聞いて解く問題です。特定の分野について詳しく話すものが多いです。

問題の種類・ポイント

問題 [29]	男性（女性）がどんな人物なのかを選ぶ。 会話の最初でインタビューする相手に質問を行っている場合、その人物に関するヒントを得ることができます。また、それに続く答えからその人物の仕事に関する詳しい内容が出てきますのでしっかりと聞きましょう。
問題 [37]	男性（女性）の中心となる考えを選ぶ。 専門家の意見と事実を区別することが大切です。専門家が自分と異なる意見についても言及することが多いので注意しましょう。
問題 [30]［38]	聞いた内容と一致するものを選ぶ。 会話の中で専門家が使った言葉が、選択肢では同じ意味の別の言葉に言い換えて表現される場合が多いです。間違った選択肢を消しながら問題を解くとよいでしょう。

過去問で傾向を把握しよう！

🔊 (2)2-1

[29-30] 다음을 듣고 물음에 답하십시오.

次の音声を聞いて問いに答えなさい。

남자: 사장님께서 만든 전자책 구독 서비스의 A인기 비결이 뭐라고 생각 하세요?

여자: 독서를 위한 다양한 서비스를 제공한다는 점이겠죠. 우선 B매달 이 용료를 내면 수만 권의 책을 얼마든지 읽을 수 있고요. C어려운 책 은 전문가의 해설을 들으면서 읽거나 요약본으로 볼 수도 있어요. 모 든 책에 음성 지원이 가능해서 이동 중에도 내용을 들을 수 있습니다.

남자: 최근에는 책의 내용을 만화나 D동영상 등으로 소개하는 기능도 추 가 하셨다고요.

여자: 네, 더 즐겁게 독서할 수 있는 여러 방법을 계속 고민 중이에요.

29. 여자는 누구인지 맞는 것을 고르십시오.
① 전자책을 조사하는 사람
② 전자책을 골라 주는 사람
③ 전자책 구독 서비스에 가입한 사람
④ 전자책 구독 서비스를 개발한 사람

30. 들은 내용으로 맞는 것을 고르십시오.
① 이 서비스는 무료로 이용이 가능하다.
② 이 서비스는 아직 이용자가 많지 않다.
③ 이 서비스는 책에 대한 해설도 제공한다.
④ 이 서비스는 동영상 기능을 추가할 예정이다.

〈64회 TOPIK II 듣기 29-30번〉

訳
男性：社長がおつくりになった電子書籍購読サービスの A人気の秘訣は何 だと思われますか？

女性：読書のためのさまざまなサービスを提供するという点でしょう。まず、

B 毎月利用料を払えば、数万冊の本をいくらでも読むことができます。 C 難しい本は専門家の解説を聞きながら読んだり要約本で読んだりすることもできます。すべての本に音声サポートがありますので、移動中でも内容を聞くことができます。

男性：最近は本の内容を漫画や D 動画などで紹介する機能も追加されたそうですが。

女性：はい、もっと楽しく読書できるさまざまな方法を引き続き検討しています。

29. 女性は誰なのか正しいものを選びなさい。
① 電子書籍を調べる人
② 電子書籍を選んでくれる人
③ 電子書籍購読サービスに加入した人
④ 電子書籍購読サービスを開発した人

30. 聞いた内容として正しいものを選びなさい。
① このサービスは無料で利用できる。
② このサービスはまだ利用者が多くない。
③ このサービスは本の解説も提供している。
④ このサービスは動画機能を追加する予定である。

〈64回 TOPIK Ⅱ 聞き取り 問29-30〉

解答・解説

29.
最初の文で男性が「社長がおつくりになった」と言っているので④が正解。

30.
① → B から、毎月利用料を払うので無料ではないことがわかる。
② → A から、このサービスは人気があって利用者が多いと推測できる。
③ → C で、難しい本は解説も聞けると言っている。正解。
④ → D で、すでに動画機能を追加したと言っている。

単語　□구독 購読／サブスクリプション　□요약본 要約本
　　　□음성 지원 音声サポート

[37-38] 다음은 교양 프로그램입니다. 잘 듣고 물음에 답하십시오.

次の音声は教養番組です。よく聞いて問いに答えなさい。

> 남자: 충치뿐 아니라 잇몸병으로 고생하는 젊은 분들이 상당히 많네요.
> 여자: 네, 그 수가 전체 잇몸병 환자의 **A** 3분의 1을 차지할 정도니까요. 2,
> 30대 환자는 최근 5년 사이에 약 60%나 **B** 증가했습니다. 젊은 분
> 들은 잇몸병을 대수롭지 않게 여기는 경향이 있는데요. **C** 손상된 잇
> 몸은 원래대로 회복되지 않습니다. 게다가 잇몸병의 원인이 되는 세
> 균이 온몸을 돌아다니며 **D** 다른 신체 기관에 악영향을 끼치기도 하
> 고요. 심각한 경우에 이 세균이 심장병이나 치매를 유발할 수도 있어
> 요. 건강할 때부터 잇몸을 잘 관리하는 것이 좋습니다.

37. 여자의 중심 생각으로 알맞은 것을 고르십시오.
① 잇몸병의 원인을 명확하게 밝혀야 한다.
② 젊을 때부터 잇몸 관리에 신경을 써야 한다.
③ 치매 예방을 위해서 잇몸 관리가 중요하다.
④ 잇몸병에 대한 잘못된 정보를 바로잡아야 한다.

38. 들은 내용과 일치하는 것을 고르십시오.
① 잇몸은 손상되더라도 빠르게 회복된다.
② 잇몸병 환자의 절반 이상이 젊은 사람들이다.
③ 젊은 층의 잇몸병 환자가 줄고 있는 추세이다.
④ 잇몸병을 일으키는 세균은 다른 질환도 유발할 수 있다.

〈64회 TOPIK Ⅱ 듣기 37-38번〉

訳
男性：虫歯だけでなく、歯周病で苦しんでいる若い方がかなり多いですね。
女性：はい、その数が全体の歯周病患者の **A** 3分の1を占めるほどですか
　　　らね。20〜30代の患者は、この5年間で約60%も **B** 増加しました。
　　　若い方は歯周病を大したことではないと思う傾向がありますが、

C損傷した歯茎は元に戻りません。さらに、歯周病の原因となる細菌が全身を回り、D他の身体器官に悪影響を及ぼすこともあります。深刻な場合、この細菌が心臓病や認知症を誘発することもあります。健康な時から歯茎をしっかり管理するのがいいです。

37. 女性の中心となる考えとして適切なものを選びなさい。
① 歯周病の原因を明確にしなければならない。
② 若い頃から歯茎の管理に気を使わなければならない。
③ 認知症予防のために歯茎の管理が重要である。
④ 歯周病に関する誤った情報を正さなければならない。

38. 聞いた内容と一致するものを選びなさい。
① 歯茎は損傷してもすぐに回復する。
② 歯周病患者の半分以上が若者である。
③ 若年層の歯周病患者は減少傾向である。
④ 歯周病を引き起こす細菌は、他の疾患も誘発することがある。

〈64回 TOPIK Ⅱ 聞き取り　問37-38〉

解答・解説

37.
若い人たちの歯周病について話している。女性は最後の部分で歯茎が健康である若い頃から歯茎をしっかり管理するのがいいと言っているので②が正解。

38.
① → Cで損傷した歯茎は元に戻らないと言っている。
② → 절반（半分）ではなく、Aで3分の1と言っている。
③ → Bで若年層の歯周病患者が増加していると言っている。
④ → Dで歯茎病は他の身体器官に悪影響を及ぼして「心臓病や認知症を誘発する」と言っている。選択肢では 심장병과 치매（心臓病と認知症）を 다른 질환（他の疾患）と言い換えている。正解。

単語　□충치 虫歯　□잇몸 歯茎　□대수롭지 않다 大したことではない
　　　□세균 細菌　□치매 認知症　□유발하다 誘発する
　　　□절반 半分、折半

182

◀)) (2)2-3

1. 다음을 듣고 질문에 답하십시오.

1

Q1. 남자의 직업으로 알맞은 것을 고르십시오.
① 배달 메뉴 개발자
② 배달 회사 운영자
③ 유명 식당의 배달원

Q2. 인터뷰를 듣고 메모한 것입니다. 다시 듣고 빈칸을 채우십시오.

- 이 사업의 성공 비결
1. 훌륭한 식당의 음식을 (   ) 맛보고 싶어 하는 사람이 많다.
2. 식당을 운영하는 사람이 (   )까지 제공하려면 힘든 경우가
   많다.

2

Q1. 여자의 직업으로 알맞은 것을 고르십시오.
① 피부 관리사
② 반려동물 미용사
③ 반려동물 판매자

Q2. 인터뷰를 듣고 메모한 것입니다. 다시 듣고 빈칸을 채우십시오.

- 반려동물 천만 시대의 특징
1. 식품, (   ), (   ) 등 반려동물과 관계된 여러 사업
   이 주목을 받고 있다.
2. 작은 강아지 뿐 아니라 대형견, 고양이, 토끼 등 (   )도 다양
   해졌다.

Unit 2　専門家へのインタビュー

Q1. 남자의 직업으로 알맞은 것을 고르십시오.
① 제빵사
② 사진 기사
③ 꽃가게 주인

Q2. 다시 듣고 남자의 생각으로 알맞은 것을 고르십시오.
① 파티에 케이크는 없어도 되지만 꽃이 없으면 절대 안 된다.
② 파티에 케이크와 꽃을 모두 준비하는 것은 쉬운 일이 아니다.

Q1. 여자의 직업으로 알맞은 것을 고르십시오.
① 교통경찰
② 운전기사
③ 운전 강사

Q2. 다시 듣고 여자의 생각으로 알맞은 것을 고르십시오.
① 두려움을 극복하지 못하면 운전을 잘 배울 수 없다.
② 교통사고를 두려워해야 오히려 안전 운전을 할 수 있다.

🔊)) (2)2-4
2. 다음을 듣고 질문에 답하십시오.

Q1. 남자는 누구인지 맞는 것을 고르십시오.
① 인기 프로그램 제작자
② 라디오 프로그램 진행자
③ 텔레비전 프로그램 진행자

Q2. 들은 내용으로 맞는 것을 고르십시오.
① 남자는 22년 동안 같은 시간에 일을 시작하고 있다.
② 남자는 방송을 진행하면서 많은 친구를 사귀게 되었다.
③ 남자는 인기가 많아서 누구나 이 남자의 얼굴을 알아본다.

2

Q1. 여자의 중심 생각으로 알맞은 것을 고르십시오.
① 요가를 하겠다는 결심만 해도 강해질 수 있다.
② 요가는 꾸준히 하는 것이 무엇보다도 중요하다.
③ 요가의 가장 큰 장점은 근육을 단련할 수 있다는 점이다.

Q2. 들은 내용으로 맞는 것을 고르십시오.
① 꾸준히 요가를 하기 위해 처음에 무리하지 않는 것이 좋다.
② 혼자 보고 따라할 수 있는 동영상 때문에 여자의 수강생이 줄었다.
③ 여자의 수업에서 요가를 삼 일만 배워도 근육이 강화되기 때문에 인기가 많다.

1. 次の音声を聞いて質問に答えなさい。

1

> 여자 : 요즘 배달 음식 안 먹어 본 사람이 없을 텐데요, 그 중 절반 이상이
> 사장님께서 만든 배달 전문 업체를 통해 전달되는 것 같아요.
> 남자 : 네, 이렇게 저희 사업이 성공하게 된 이유는 두 가지입니다. 첫 번째
> 는 훌륭한 식당의 음식을 집에서도 맛보고 싶다는 분들이 많이 계셔
> 서 그런 것 같아요. 식당이 집에서 먼 경우도 있고, 외출이 힘든 분들
> 도 계시잖아요. 두 번째는 식당을 운영하는 분들 입장에서도 배달 서
> 비스까지 제공하려면 힘든 경우가 많더라고요. 그래서 식당에서는
> 음식에만 신경을 쓰고, 나머지 배달에 대한 것은 저희 회사가 맡아서
> 하면 좋겠다고 생각했죠.

女性：最近は出前料理を食べたことがない人はいないと思いますが、そのう
　　　ち半分以上が社長がおつくりになった出前専門会社を通じて届けられ
　　　ているようです。

男性：はい、このように弊社のビジネスが成功した理由は二つです。一つ目
　　　は立派なレストランの料理を家でも味わいたいという方がたくさんい
　　　らっしゃるからだと思います。レストランが家から遠い場合もあれば、
　　　外出が難しい方もいらっしゃいますよね。二つ目はレストランを運営
　　　する方々の立場からも、出前サービスまで提供するのは困難な場合が
　　　多いとのことでした。それでレストランは料理にだけ気をつかい、そ
　　　の後の出前については弊社が引き受けて行えばいいと考えました。

Q1. 男性の職業として適切なものを選びなさい。

① 出前メニューの開発者

② 出前会社の運営者

③ 有名レストランの配達員

186

Q2. インタビューを聞いてメモしたものです。もう一度聞いて空欄を埋めなさい。

- この事業の成功の秘訣

1. 立派なレストランの料理を（　　　　　　　）味わいたいと思う人が多い。

2. レストランを運営する人が（　　　　　　　）まで提供するには困難な場合が多い。

---

1. ②

男性はレストランの料理を家に配達する会社をつくったとあるので、②が正解。

2. 1. 집에서 (도) 家で (も)　2. 배달 서비스 出前サービス

単語　□**업체** 会社、業者　□**맛보다** 味わう　□**외출** 外出

　　　□**운영하다** 運営する　□**맡다** 引き受ける

2

남자: 반려동물 천만 시대가 열렸다고 하지 않습니까? 반려동물과 관련된 식품, 건강, 교육 등 여러 사업이 주목을 받고 있는데, 사장님, 미용 분야는 어떤가요?

여자: 네, 저는 10년 전에 처음으로 저희 집 앞에 작은 강아지 미용실을 열었어요. 그런데 점점 찾는 분들이 많아지면서 지금은 서울에만 10개가 넘는 점포를 운영하게 됐어요. 사람들이 머리 모양으로 개성을 드러내고, 계절에 따라 피부 관리를 하는 것처럼 동물들도 털 관리가 필요합니다. 요즘은 작은 강아지뿐만 아니라 대형견, 고양이, 토끼 등등 미용실을 찾는 반려동물의 종류도 다양해져서 저도 부지런히 공부하고 있어요. 반려동물 화장품도 조만간 선보일 예정입니다.

男性：ペット1000万（匹）時代が始まったと言われていませんか？ ペット関連の食品、健康、教育などさまざまな事業が注目されていますが、社長、美容分野はいかがでしょうか？

女性：はい、<u>私は10年前に初めて自宅の前に小さな犬の美容室をオープン</u>
　　　<u>しました。</u>ところが、どんどん来てくださる方が多くなり、今ではソ
　　　ウルだけで10店を超える店舗を運営するようになりました。人が髪
　　　の形で個性を表し、季節によってスキンケアをするように、動物も毛
　　　のケアが必要です。最近は小さな犬だけでなく、大型犬、猫、ウサギ
　　　など美容室を訪れるペットの種類も多様になったので、私も熱心に勉
　　　強しています。ペットの化粧品も近いうちに披露する予定です。

Q1. 女性の職業として適切なものを選びなさい。

① エステティシャン

② ペットの美容師

③ ペットの販売業者

Q2. インタビューを聞いてメモしたものです。もう一度聞いて空欄を埋めな
　　　さい。

－ペット1000万（匹）時代の特徴

1. 食品、（　　　　　　　　　）、（　　　　　　　　　　）などペット関連のさまざまな事
　業が注目されている。

2. 小さな犬だけでなく、大型犬、猫、ウサギなど（　　　　　　　　　　）も多様
　になった。

---

1. ②
女性は犬の美容室をオープンしたと言っているので、ペットの毛を手入れ
する美容師であることがわかる。②が正解。

2. 1. 건강 健康, 교육 教育　2. 반려동물의 종류 ペットの種類

単語　□반려동물 ペット（伴侶動物）　□점포 店舗
　　　□개성을 드러내다 個性を表す　□대형견 大型犬

여자: 어떻게 A꽃 모양으로 케이크를 만들 생각을 하셨어요?

남자: 파티에 빠질 수 없는 게 뭘까요? 아마 케이크와 꽃이라고 답하시는 분이 많지 않을까요? 그런데 B모두를 준비하려면 돈이 정말 많이 들죠. 저는 아주 단순하게 그 둘을 합치면 고민이 좀 줄지 않을까 생각했습니다. 그래서 이렇게 꽃 모양의 케이크가 탄생하게 된 거죠. C저는 제빵 공부만 한 사람이라 처음엔 쉽지 않았어요. 하지만 꽃 사진을 많이 찾아보고 적당한 사진을 찾으면 그 모양대로 크림을 짜는 연습을 많이 했답니다.

女性：どうしてA花の形でケーキを作ることをお考えになったのですか?

男性：パーティーに欠かせないものは何でしょうか? おそらくケーキと花だと答える方が多いのではないでしょうか? しかし、B両方を準備するにはお金が本当にたくさんかかりますよね。私はとても単純に、その二つを合わせれば悩みが少し減るのではないかと考えました。それでこのような花の形をしたケーキが誕生することになったんです。C私は製パンだけを勉強した人間なので、最初は簡単ではありませんでした。しかし、花の写真をたくさん調べ、良い写真を見つけると、その形通りにクリームを絞る練習をたくさんしました。

Q1. 男性の職業として適切なものを選びなさい。

① パン職人

② 写真技師

③ 花屋のオーナー

Q2. もう一度聞いて、男性の考えとして適切なものを選びなさい。

① パーティーにケーキはなくても構わないが、花がないのは絶対にだめだ。

② パーティーにケーキと花を両方準備するのは簡単なことではない。

1. ①

Aと**C**から、男性は花の形のケーキを作る人であることがわかる。したがって、①が正解。

2. ②

男性は、**B**でケーキと花の両方を準備するにはお金がかかると言っているので、②が正解。二つのうちどちらがより重要であるかという内容は出てこないので、①は誤り。

単語　□돈이 들다 金がかかる　□합치다 合わせる　□제빵 製パン
　　　□크림을 짜다 クリームを搾る

4

남자: 운전을 하고 싶지만 겁이 나서 못 하겠다는 분들에게 한 말씀 해 주시겠어요?

여자: 운전은 작은 실수가 큰 사고로 이어질 수도 있으니까 많은 분들이 못 하겠다고들 하십니다. 하지만 전 이런 두려움이 운전하는 데 도움이 된다고 생각해요. **A** <u>저에게 운전을 배우러 온 학생들을 보면</u>, 겁이 나니까 오히려 안전에 신경을 쓰면서 더 조심해서 운전을 하더라고요. 모든 강사들이 도로에 나가기 전에 안전 교육부터 확실하게 하니까 믿고 따라 주세요. 운전은 사실 정해진 규칙만 잘 지키면 위험하지 않거든요.

男性：運転をしたいけど怖くてできないという方々に一言お願いします。

女性：運転は小さなミスが大きな事故につながることもあるので、多くの方々ができないとおっしゃいます。しかし、私はこのような恐さが運転する時に役に立つと思います。**A** <u>私に運転を習いに来た学生</u>を見ると、怖いからこそむしろ安全に気を遣いながらもっと注意して運転をしていました。すべての講師が道路に出る前に、まず安全教育を確実に行っているので、信じてついて来てください。運転は、実のところ、定められている規則さえきちんと守れば危険ではないんですよ。

Q1. 女性の職業として適切なものを選びなさい。

① 交通警察　　② 運転手　　③ 自動車教習所の講師

Q2. もう一度聞いて女性の考えとして適切なものを選びなさい。

① 恐さを克服できなければ、運転をきちんと学ぶことができない。

② 交通事故を恐れてこそ、むしろ安全運転ができる。

1. ③

女性は A のように言っていることから、自動車教習所の講師であることがわかる。したがって、③が正解。

2. ②

女性は、交通事故を恐れる人がむしろ安全に気を遣うと考えている。したがって、②が正解。

単語 □겁이 나다 怖い　□두려움 恐怖、怖さ　□극복하다 克服する

2. 次の音声を聞いて質問に答えなさい。

1

여자 : 날마다 김민수 씨의 방송을 들으면서 퇴근하는 분들이 정말 많은데요. 저도 그렇고요. 벌써 20년이 넘으셨죠?

남자 : A 올해로 정확히 22년 됐습니다. 매일 같은 시간에 방송국에 출근해서 두 시간 동안 프로그램을 진행하고 있지요. 청취자들이 보내주시는 사연을 읽고 거기에 맞는 음악을 골라서 들려드리는 단순한 일이에요. 재미있는 게, 20년 넘게 날마다 제 목소리를 듣고, 저에게 사연도 보내시지만 B 정작 제 얼굴을 모르는 분들이 많이 계세요. 하하하, 신비감 있는 진행자, 그게 바로 접니다.

여자 : 하긴 텔레비전 출연을 잘 안 하시니까 그럴 수 있겠네요.

남자 : 네, 라디오는 텔레비전과 다른 매력이 있죠. 얼굴은 잘 몰라도 C 청취자와 저는 가까운 친구처럼 많은 이야기를 나누고 있답니다.

女性：毎日キム・ミンスさんの放送を聞きながら帰宅する方が本当に多いんです。私もそうですしね。もう20年が過ぎましたよね？

男性：**A** 今年でちょうど22年になります。毎日同じ時間に放送局に出勤して、2時間、番組を進行しています。リスナーの方々からのエピソードを読んで、それに合った音楽を選んでお届けするという単純な仕事です。面白いことに、20年以上毎日私の声を聞いて、私にエピソードを送っていただいていても、**B** 実際私の顔を知らない方がたくさんいらっしゃいます。ハハハ、神秘的な司会者、まさにそれが私です。

女性：確かに、テレビ出演をあまりなさらないから、そんなこともあるでしょうね。

男性：はい、ラジオはテレビとは別の魅力があります。顔はよくわからなくても、**C** リスナーと私は親しい友達のように多くの話をしているのです。

Q1. 男性は誰なのか正しいものを選びなさい。

① 人気番組の制作者

② ラジオ番組の司会者

③ テレビ番組の司会者

Q2. 聞いた内容として正しいものを選びなさい。

① 男性は22年間同じ時間に仕事を始めている。

② 男性は番組の司会をしながら、たくさんの友達を作ることになった。

③ 男性は人気があるので、誰でもこの男性の顔がわかる。

1. ②

毎日番組を進行するという内容とリスナー、ラジオといった単語から、男性はラジオ番組を進行する人だということがわかる。

2. ①

① → **A** で、22年間同じ時間に出勤して、ラジオ番組の進行をしていると言っている。

② → **C**で、リスナーとまるで友達のように多くの話をしていると言って
いるが、実際に友達を作ったという意味ではない。

③ → **B**で、テレビにあまり出ていないので、男性の顔を知らない人が多
いと言っている。

単語　□**진행하다** 進行する　□**진행자** 司会者
　　　□**청취자** リスナー、聴取者　□**사연** 話、エピソード
　　　□**정작** 実際　□**신비감** 神秘性　□**출연** 出演

2

남자 : 요즘 혼자서 보고 따라할 수 있는 요가 동영상도 많고 집에서 사용할
수 있는 기구도 많은데 **A**선생님의 요가 학원은 여전히 수강생이 많
다고 들었습니다. 비결이 뭐라고 생각하세요?

여자 : 많은 사람들이 건강을 위해 운동을 열심히 하겠다고 결심하지만 금
방 그 결심이 무너지는 경우를 많이 보셨죠? 저는 무슨 일을 하든지
첫 삼일이 아주 중요하다고 생각해요. 처음부터 너무 큰 목표를 갖기
보다는 작은 도전을 하나씩 해 나가는 게 중요해요. 그래서 제 수업
에서는 **B**처음부터 강하게 요가를 시키지 않고 수강생들이 자연스
럽게 운동하는 습관을 들일 수 있도록 돕습니다. **C**물론 단기간 내
에 근육을 단련해서 효과를 보는 것도 좋지만, 저는 요가를 하루일과
처럼 생각하며 꾸준히 하는 것이 더 중요하다고 생각합니다. 이런 저
와 같은 생각을 갖고 계신 분들이 제 수업을 들으러 학원에 오시는
게 아닐까요?

男性 : 最近、一人で見て真似できるヨガ動画もたくさんあって、家で使える
器具も多いのに、**A**先生のヨガ教室は依然として受講生が多いと聞
きました。秘訣は何だと思われますか？

女性 : 多くの人が健康のため、運動を一生懸命にやろうと決意しますが、す
ぐにその決意が崩れるケースをよく見ますね。私は何をするにせよ、
最初の3日間がとても大事だと思います。最初からあまりにも大きな

193

目標を持つよりは、小さな挑戦を一つずつしていくことが重要です。それで、私の授業では**B**最初から強くヨガをさせずに受講生が自然に運動する習慣を身につけることができるようにサポートします。**C**もちろん短期間で筋肉を鍛えて効果を得るのもいいですが、私はヨガを毎日の日課のように考えてコツコツと行うことがもっと重要だと思っています。このような私と同じ考えを持っている方々が、私の授業を受けに教室にいらっしゃるのではないでしょうか。

Q1. 女性の中心となる考えとして適切なものを選びなさい。

① ヨガをするという決意だけでも強くなれる。

② ヨガは地道にすることが何よりも大事である。

③ ヨガの最大の長所は筋肉を鍛えられるということである。

Q2. 聞いた内容として正しいものを選びなさい。

① 地道にヨガをするために、最初は無理をしない方がよい。

② 一人で見て真似できる動画のせいで、女性の受講生が減った。

③ 女性の授業は、ヨガを3日習うだけで筋肉が強化できるので、人気が高い。

---

1. ②

Cで、短期間で筋肉を鍛えることもよいが、と譲歩したあとに、ヨガを日課のようにコツコツを行うことが重要だと述べている。

2. ①

① → 女性は**C**にあるようにヨガをコツコツとすることが重要だと思っていて、**B**にあるように最初から強く運動しない方がよいと考えている。

② → **A**で、ヨガの動画が多くある中で、女性の教室では依然として受講生が多いと言っている。

③ → このような内容はない。

単語 □기구 器具　□결심 決意、決心
　　　□습관을 들이다 習慣を（身に）つける　□단기간 短期間
　　　□하루일과 毎日の日課

練習② 実戦練習

🔊))(2)2-5

[1-2] 다음을 듣고 물음에 답하십시오.

1. 남자는 누구인지 맞는 것을 고르십시오.
① 테니스 선수
② 테니스 심판
③ 스포츠 방송 중계자
④ 스포츠 전문 카메라 기자

2. 들은 내용으로 맞는 것을 고르십시오.
① 남자는 경기 중에 정해진 자리에서 공이 떨어지는 위치를 본다.
② 남자의 일은 인내심 보다는 남보다 뛰어난 체력을 필요로 한다.
③ 남자는 경기가 끝난 후에 너무 힘들어서 아무 것도 먹지 않는다.
④ 남자는 멋진 경기를 위해서 길게는 다섯 시간쯤 열심히 뛰어야 한다.

[3-4] 다음을 듣고 물음에 답하십시오.

3. 남자의 중심 생각으로 알맞은 것을 고르십시오.
① 인주전자의 성공 요인은 무엇보다도 뛰어난 기술력 때문이다.
② 인주전자의 제품이 이렇게까지 인기를 얻게 될지 예상하지 못했다.
③ 직원들에게 뛰어난 요리 솜씨가 있어야 좋은 제품을 개발할 수 있다.
④ 사용자의 입장에서 제품을 개발한 것이 소비자들의 마음을 움직였다.

4. 들은 내용과 일치하는 것을 고르십시오.
① 제품 개발을 위해 물맛을 잘 구별해내는 직원을 뽑았다.
② 인주전자는 올해만큼 주방 가전 판매로 많은 돈을 번 적이 없다.
③ 많은 소비자들이 제품 개발 부서 사무실에 와서 직접 요리를 했다.
④ 인주전자는 최초로 냉장고를 만들었기 때문에 건물도 냉장고 모양이다.

Unit 2　専門家へのインタビュー

[1-2] 次の音声を聞いて質問に答えなさい。

여자 : 저도 이번 경기를 옆에서 함께 지켜봤는데요, 정말 힘드시겠어요.

남자 : 네, 테니스 경기는 보통 세 시간, 길게는 다섯 시간까지 하는데 경기 중에 A 지정된 자리를 벗어나면 안 되기 때문에 화장실조차 갈 수 없습니다. 그래서 B 경기 전에 아무 것도 먹지 않아요.

여자 : C 인내심이 필요한 일이군요. 공이 선 바깥에 떨어지는지 안에 떨어지는지 보셔야 하니까 순간적인 판단도 중요할 것 같아요.

남자 : 물론입니다. 요즘은 카메라 기술이 발달해서 녹화된 영상을 다시 찾아보며 도움을 받을 수 있습니다. 하지만 원활한 경기 운영을 위해 주로 제 판단에 의존하지요. 그만큼 부담감도 크지만, 선수들의 멋진 경기를 가장 가까운 위치에서 볼 수 있다는 점에서 매력적인 일이라고도 할 수 있습니다.

女性 : 私も今回の試合をそばで一緒に見ていましたが、本当に大変でしょうね。

男性 : はい、テニスの試合は通常3時間、長い時は5時間まで行われますが、試合中に A 指定された席を離れてはいけないので、トイレさえ行けません。だから、B 試合前は何も食べません。

女性 : C 忍耐が必要な仕事ですね。ボールがラインの外に落ちるのか、中に落ちるのかを見分けないといけないので、瞬間的な判断も重要だと思いました。

男性 : もちろんです。最近はカメラの技術が発達して、録画された映像をもう一度見るサポートを受けることができます。しかし、円滑な試合運営のために主に私の判断を頼りにしています。その分プレッシャーも大きいですが、選手たちの素晴らしい試合を一番近い位置で見られるという点で魅力的な仕事とも言えます。

1. 男性は誰なのか正しいものを選びなさい。

① テニス選手

② テニスの審判

③ スポーツ放送の中継者（実況者）

④ スポーツ専門のカメラ記者

2. 聞いた内容として正しいものを選びなさい。

① 男性は試合中に決まった席でボールが落ちる位置を見る。

② 男性の仕事は忍耐よりも他人より優れた体力を必要とする。

③ 男性は試合が終わった後、とても疲れているので何も食べない。

④ 男性は素晴らしい試合のために長い時は5時間ぐらい頑張って走らなければならない。

---

1. ②

男性は試合がうまく進むようにボールが落ちる位置を見て判断する仕事をしていることがわかる。したがって、②が正解。

2. ①

① → **A** の「지정된 자리（指定された席）」とは「정해진 자리（決まった席）」と同じ意味。

② → **C** で、忍耐が必要な仕事だと言っているが、体力が必要だとは言っていない。

③ → **B** で、試合前に何も食べないと述べているが、試合後のことは述べていない。

④ → このような内容はない。

単語　□**지정되다** 指定される　□**벗어나다** 離れる　□**인내심** 忍耐

　　　□**원활하다** 円滑だ　□**심판** 審判　□**중계자** 中継者

[3-4] 次の音声を聞いて問いに答えなさい。

여자: 올해 초에 인주전자에서 출시한 A주방 가전 매출이 사상 최대치를 기록했다는 기사를 봤습니다. 사장님, 인기 비결이 뭔가요?

남자: 인주전자 건물을 보셨습니까? 우리 회사 냉장고의 외형을 본떠서 만들었습니다. B주방 가전이 인주전자의 주력 상품이라는 뜻이지요. 사실 기술력은 어느 회사나 다 뛰어납니다. C우리는 '내가 소비자라면 어떨까'라는 마음으로 꾸준히 연구해 왔는데, 그것이 다른 회사와 좀 다릅니다. 요즘 소비자들은 집에서 어떤 음식을 즐겨 먹는지, 어떻게 만들면 음식이 더 맛있어 지는지, 간편하게 만들 수 있는 방법은 없는지 조사했습니다. 실제로 D우리 직원들은 제품을 개발할 때 모두 직접 요리를 하면서 연구했습니다. 사무실 또한 우리가 일반적으로 생각하는 모습이 아니라 가정집의 주방 같은 모습이고요. 그 덕분에 우리 직원들은 E요리사 못지않은 실력과 감각을 갖추고 있습니다. 심지어 물맛까지 감별하는 직원도 있다니까요!

女性：今年の初めにインジュ電子が発売したAキッチン家電の売上が史上最大値を記録したという記事を見ました。社長、人気の秘訣は何でしょうか？

男性：インジュ電子の建物をご覧になりましたか？ 弊社の冷蔵庫の外形を模して建てました。Bキッチン家電がインジュ電子の主力商品だという意味です。実際、技術力はどの会社も優れています。C私たちは「自分が消費者だったらどうだろう」という気持ちでコツコツと研究を続けてきましたが、それが他社とは少し違います。最近の消費者が家でどんな料理をよく食べるのか、どのように作れば料理がよりおいしくなるのか、手軽に作れる方法はないのかを調査しました。実際、D弊社の社員は商品を開発する時、すべて自分で調理をしながら研究しました。事務室もまた、一般的に考えられるものではなく、家庭の台所のようなものです。そのおかげで、弊社の社員はE料理人に劣らない実力と感覚を持っています。しかも、水の味まで違いがわかる社員もいるんですよ。

198

3. 男性の中心となる考えとして適切なものを選びなさい。

① インジュ電子の成功要因は、何よりも優れた技術力のおかげである。

② インジュ電子の製品がここまで人気を得ることになるとは予想できなかった。

③ 従業員に優れた料理の腕前があってこそ、良い商品を開発することができる。

④ ユーザーの立場から製品を開発したことが消費者の心を動かした。

4. 聞いた内容と一致するものを選びなさい。

① 商品開発のために水の味をよく区別する従業員を選んだ。

② インジュ電子は今年ほどキッチン家電の販売で多くのお金を稼いだことがない。

③ 多くの消費者が商品開発部門の事務所に来て自分で調理をした。

④ インジュ電子は最初に冷蔵庫を製造しため、建物も冷蔵庫の形をしている。

---

3. ④

冒頭で女性が人気の秘訣を質問した後、男性は **C** で消費者の立場になって研究したと述べている。その後も男性はこれに関する内容を続けて述べているので、④が正解。

4. ②

① → **E** は、水の味まで識別できるほど味の違いがわかる社員がいるという意味であって、その従業員を選んだとは述べていない。

② → **A** で、「キッチン家電の売上が史上最大値を記録」と言っているので、正解。

③ → **D** で、社員が調理をすると言っており、多くの消費者が来るとは言っていない。

④ → **B** で、キッチン家電が主力商品だと言っているが、最初につくったとは言っていない。

単語　□출시하다 発売する　□주방 가전 キッチン家電　□매출 売上
　　　□사상 최대치 史上最大値　□본뜨다 模する
　　　□주력 상품 主力商品　□감별하다 鑑別する、判別する

問題［35-36］

問題35-36は、多くの人の前で自分の考えや主張を発表する話を聞いて解く問題です。会話ではなく、一人の人物が話します。

問題の種類・ポイント

問題 [35]	**男性が何をしているかを選ぶ** 最初に話の目的が出てくるので、注意して聞きましょう。また、いろんな分野の話が出題されますので、日ごろからさまざまな分野に興味を持ち、分野別に語彙を勉強しておくとよいでしょう。
問題 [36]	**聞いた内容として正しいものを選ぶ** 選択肢では、話者が言った言葉を他の言葉で表現していることが多いです。各選択肢の正誤を判断する材料は、話のあちこちに出てくるので、話の全体像が把握できるように聞き取りましょう。

過去問で傾向を把握しよう！

🔊))(2)3-1

[35-36] 다음을 듣고 물음에 답하십시오.

次の音声を聞いて問いに答えなさい。

> 남자: A아역 배우로 영화 인생을 시작해서 78세의 나이로 눈을 감기까지,
> 김민수 선배님의 삶은 오직 영화만을 위한 것이었습니다. 선배님은
> 배우로서 B백여 편의 영화에 출연하며 특유의 개성 넘치는 연기로
> 우리를 울고 웃게 했습니다. C53세에는 감독으로서 첫 작품을 발표
> 하고, 이후 3편의 영화를 더 남겼습니다. 마지막으로 연출한 작품으
> 로 D국제 영화제에서 감독상을 수상하기도 했지요. 뿐만 아니라 영
> 화 박물관의 대표로서 한국 영화의 역사를 기록하는 일에도 힘을 써
> 온, 누구보다 영화를 사랑하는 분이셨습니다.

35. 남자는 무엇을 하고 있는지 고르십시오.

① 선배의 업적을 소개하고 있다.　　② 선배의 영화를 홍보하고 있다.

③ 선배가 만든 작품을 설명하고 있다.　④ 선배에 대한 지지를 부탁하고 있다.

36. 들은 내용으로 맞는 것을 고르십시오.

① 김민수는 배우이자 감독으로 활약했다.

② 김민수는 늦은 나이에 배우로 데뷔했다.

③ 김민수는 백여 편이 넘는 영화를 연출했다.

④ 김민수는 국제 영화제에서 상을 받지 못했다.

〈64회 TOPIK Ⅱ 듣기 35-36번〉

訳

男性：A子役として映画人生を始めて78歳で目を閉じるまで、キム・ミ
　　ンス先輩の人生はただ映画だけのためのものでした。先輩は俳優と
　　してB約100本の映画に出演し、特有の個性あふれる演技で私たち

を泣かせ笑わせました。C53歳の時には監督として初めての作品を発表し、以後さらに3本の映画を残しました。最後に演出した作品で、D国際映画祭で監督賞を受賞もしています。それだけでなく映画博物館の代表として韓国映画の歴史を記録することにも力を入れた、誰よりも映画を愛した方でした。

35. 男性は何をしているのか選びなさい。
① 先輩の業績を紹介している。　　　② 先輩の映画を宣伝している。
③ 先輩が作った作品を説明している。④ 先輩への支持をお願いしている。

36. 聞いた内容として正しいものを選びなさい。
① キム・ミンスは俳優であり、監督として活躍した。
② キム・ミンスは遅い年齢で俳優としてデビューした。
③ キム・ミンスは100本以上の映画を演出した。
④ キム・ミンスは国際映画祭で賞をもらえなかった。

〈64回TOPIK II 聞き取り　問35-36〉

解答・解説

35.
キム・ミンスという先輩俳優がこれまでやってきたことを紹介しているので①が正解。

36.
① → Cで監督として作品を発表したと言っている。正解。
② → Aで子役として俳優を始めたと言っているので、幼い頃にデビューしている。
③ → Bから、100本あまりの映画を演出したのではなく、映画に出演したことがわかる。
④ → Dで監督賞を受賞したと言っている。

単語　□아역 배우 子役　□출연하다 出演する
　　　□개성이 넘치다 個性あふれる　□연출하다 演出する
　　　□기록하다 記録する　□힘을 쓰다 力を入れる　□업적 業績
　　　□활약하다 活躍する

練習① 基本練習

🔊)) (2)3-2

1. 다음을 듣고 질문에 답하십시오.

1

Q1. 이 사람의 생각으로 맞는 것을 고르십시오.

① 실수를 여러 번 하다보면 나중에는 실수를 하지 않게 된다.

② 실수를 통해서 배울 수 있는 것이 있다면 그 실수는 의미가 있다.

Q2. 다시 듣고 빈칸을 채우십시오.

> 남자: 여러분, 실수를 통해 성장할 수 있다면 그것은 실패가 아닙니다. 중
> 요한 것은 실수나 실패를 바탕으로 _____는 것입니
> 다.

2

Q1. 이 사람의 생각으로 맞는 것을 고르십시오.

① 영화에 대한 열정을 가지고 있어야 한다.

② 영화 속 인물을 이해하려고 노력해야 한다.

Q2. 다시 듣고 빈칸을 채우십시오.

> 남자: 저는 항상 좋은 연기자가 되려고 끊임없이 노력하고 있습니다. 특히
> 영화 속 인물에 대한 애정을 가지기 위해 애를 씁니다. _____
> _____ 때 진정한 연기를 할 수 있다고 생각합니다.

3

Q1. 이 사람의 생각으로 맞는 것을 고르십시오.

① 처음에 정한 목표가 계속 바뀌어도 걱정할 필요는 없다.

② 한번 목표로 정한 일은 바꾸지 말고 이루어지도록 노력해야 한다.

Q2. 다시 듣고 빈칸을 채우십시오.

> 남자: 여러분이 20살에 정한 진로 계획은 30살이나 40살에도 똑같지는
> 않을 것입니다. 우리의 _____. 하지만 이것을 두려
> 워하지는 마세요.

4

Q1. 이 사람의 생각으로 맞는 것을 고르십시오.
① 소비자들의 의견에 더 귀를 기울여야 한다.
② 소비자에게 더 적극적으로 홍보를 해야 한다.

Q2. 다시 듣고 빈칸을 채우십시오.

> 남자: 요즘의 소비자들은 기업과의 소통을 통해 자신이 필요로 하는 제품
> 과 서비스를 제안하는 능동적인 모습을 보이고 있습니다. 그러므로
> 앞으로 기업들은 _____ 우리 사회가 원하는 것을
> 빠르게 읽어낼 수 있어야 합니다.

🔊)) (2)3-3

2. 다음을 듣고 질문에 답하십시오.

1

Q1. 어디에서 누구에게 이야기합니까? 각각 고르십시오.

| 가. 입학식 | 에서 | (a) 졸업생 | 에게 |
| 나. 졸업식 | | (b) 신입생 | |

Q2. 들은 내용으로 맞는 것을 고르십시오.
① 이 사람은 미국에서 대학을 다녔다.
② 취업을 위해서는 미리미리 준비해야 한다.
③ 꿈을 찾기 위해서는 다양한 경험이 필요하다.

Q1. 누가 왜 이야기를 합니까? 각각 고르십시오.

가. 책 저자

나. 사회자

가

(a) 자신의 책을 홍보하기 위해

(b) 작가의 책을 소개하기 위해

Q2. 들은 내용으로 맞는 것을 고르십시오.

① 김미영 씨의 이번 책은 두 번째 작품이다.

② 김미영 씨는 현재도 간호사로 일하고 있다.

③ 이 책은 자원봉사자들의 경험으로 이루어진 이야기이다.

✎ 練習① 基本練習　訳と解答

1. 次の音声を聞いて質問に答えなさい。

1

Q1. この人物の考えとして正しいものを選びなさい。

① ミスを何度か繰り返していると、後でミスをしなくなる。

② ミスを通じて学べることがあれば、そのミスには意味がある。

Q2. もう一度聞いて空欄を埋めなさい。

男性：皆さん、ミスを通して成長できるなら、それは失敗ではありません。
　　　大事なことは、ミスや失敗を土台にして＿＿＿＿＿＿＿＿＿＿＿ことで
　　　す。

> **Q1.** ②
> ミスをしたことは失敗ではなく、ミスをした後にもう一度試みることが重
> 要だと言っているので、②が正解。
> **Q2.** 다시 시도를 하면서 정답을 찾아 나아가 もう一度試みながら正解を求
> 　　めて前に進む
>
> 単語　□성장하다 成長する　□바탕 土台　□시도하다 試みる

2

Q1. この人物の考えとして正しいものを選びなさい。

① 映画に対する情熱を持たなければならない。

② 映画の中の人物を理解しようと努めなければならない。

Q2. もう一度聞いて空欄を埋めなさい。

男性：私はいつもよい演者になろうと絶えず努力しつづけています。特に映
　　　画の中の人物への愛情を持つための努力をしています。＿＿＿＿＿＿
　　　＿＿＿＿時、真の演技ができると思っています。

1. ②

映画の中の人物を理解した時、真の演技ができると言っているので、②が正解。

2. 그 인물을 이해하고 마음으로 받아들일 その人物を理解し、心で受け入れた

単語　□끊임없이 絶えず　□노력하다 努力する　□애정 愛情
　　　□애를 쓰다 努力する　□받아들이다 受け入れる

3

Q1. この人物の考えとして正しいものを選びなさい。

① 最初に決めた目標が何度も変わっても心配する必要はない。

② 一度目標として決めたことは変えず、成し遂げられるよう努力しなければならない。

Q2. もう一度聞いて空欄を埋めてください。

男性：皆さんが20歳の時に決めた進路の計画は30歳や40歳になっても同じではないでしょう。私たちの＿＿＿＿＿＿＿＿＿。しかし、これを恐れないでください。

1. ①

絶えず前進していく夢を恐れなくてもいいと述べているので、①が正解。

2. 꿈은 끊임없이 진화합니다 夢は絶えず前進していきます

単語　□진로 進路　□진화하다 進化する、前進する

4

Q1. この人物の考えとして正しいものを選びなさい。

① 消費者の意見にもっと耳を傾けなければならない。

② 消費者にもっと積極的に宣伝しなければならない。

Q2. もう一度聞いて空欄を埋めてください。

男性：最近の消費者は、企業とのコミュニケーションを通して、自分が必要
とする商品やサービスを提案する能動的な姿を見せています。したがっ
て、これから企業は＿＿＿＿＿＿＿＿＿＿、私たちの社会が望むこと
を素早く読み取らなければなりません。

---

1. ①
顧客とのコミュニケーションが重要だという内容を述べているので、①が
正解。
2. 지속적으로 고객과 소통하고　持続的に顧客とコミュニケーションをとり

単語　□소통　コミュニケーション　□능동적이다　能動的だ
　　　□지속적으로　持続的に

---

2. 次の音声を聞いて質問に答えなさい。

1

남자：자랑스러운 신입생 여러분, 그동안의 힘든 수험 생활을 마치고 대학
생이 된 것을 진심으로 축하드립니다. 저의 대학 시절을 돌이켜보면
후회되는 일이 참 많습니다. 저는 그때 운동만 하느라 그 나이에 할
수 있는 많은 것들을 하지 못했습니다. A졸업 후에는 미국에서 선
수 생활을 했지만 그때도 운동 이외에는 해보지 않은 것들이 너무 많
았죠. 요즘의 대학생들은 학교 밖의 세상보다는 학교 안의 도서관에
서 더 많은 시간을 보내는 것 같습니다. 취업과 학업 등으로 힘든 세
상이지만 1, 2학년 때만이라도 B세상 구석구석을 돌아다니며 사회
가 어떻게 돌아가는지 세상이 어떻게 돌아가는지 직접 체험해 보시
기 바랍니다. 그런 과정 속에서 내가 진정으로 무엇을 원하는지 무엇
에 열정이 있는지를 확인해보시기 바랍니다.

男性：誇り高き新入生の皆さん、これまでの厳しい受験生活を終え、大学生になったことを心よりお祝い申し上げます。自分の大学時代を振り返ってみると後悔することがたくさんあります。私は当時運動ばかりしていて、その歳でできる多くのことができませんでした。A卒業後はアメリカで選手生活を送りましたが、その時も運動以外はやらなかったことがたくさんありました。最近の大学生は学校の外の世界よりは学校の中の図書館でもっと多くの時間を過ごしているようです。就職と学業などで大変な世の中ですが、1、2年生の時だけでもB世の中をくまなく歩き回り、社会がどのように回っているのか、世の中がどのように回っているのかを自ら体験してみてください。そのような過程の中で、自分が本当に何を望んでいるのか、何に対して情熱があるのかを確認してみてください。

Q1. どこで誰に話していますか。それぞれ適切なものを選びなさい。

가. 入学式			(a) 卒業生	
나. 卒業式	で		(b) 新入生	に

Q2. 聞いた内容として正しいものを選びなさい。

① この人はアメリカで大学に通った。

② 就職のためにはあらかじめ準備しなければならない。

③ 夢を見つけるためには多様な経験が必要である。

---

1. 가、(b)

男性のスピーチの冒頭に 신입생（新入生）という言葉が出てくる。すなわち、入学式（入学式）で新入生に対するスピーチだということがわかる。

2. ③

① → Aで、卒業後にアメリカで選手生活を送ったと言っている。

② → このような内容はない。

③ → Bで、自分が望むこと、つまり夢を見つけるためにさまざまなことを体験してみるよう勧めている。

単語　□**수험 생활** 受験生活　□**후회되다** 後悔する　□**취업** 就職
　　　□**구석구석** 隅々　□**체험하다** 体験する　□**열정** 情熱

2

남자: 오늘 이렇게 작가와의 만남에 참석해 주신 여러분들께 감사의 말씀
을 드립니다. 오늘 작가와의 만남에서는 얼마 전에 출판된 '다시 시
작하는 인생'의 저자 김미영 씨를 초대해 책과 관련된 여러 가지 이
야기를 할까 합니다. 여러분도 아시다시피 김미영 씨는 간호사 시절
의 이야기를 담은 A첫 번째 책이 호평을 받으며 많은 사람들에게
알려졌는데요. 이 책은 원래 매주 신문에 연재하던 칼럼이었습니다.
환자들과 소통하고 공감하는 간호사의 삶을 글로 풀어내고 싶어서
시작한 일이었지요. B현재 김미영 씨는 퇴직 후 제2의 인생을 살고
계신데요. C병원에서 자원봉사를 하며 틈틈이 쓰신 글들을 모아 이
번에 출판하게 되었습니다. 그럼 이번 책은 어떤 내용일지 작가님을
모시고 한번 들어 볼까요?

男性: 本日このように作家との出会いに参加してくださった皆様に感謝申し
上げます。本日、作家との出会いでは、先日出版された「やり直す人
生」の著者、キム・ミョンさんを招いて、本に関するいろいろなお話
をしたいと思います。皆さんもご存知のように、キム・ミョンさんは
看護師時代の話を盛り込んだA1冊目の本が好評を博し、多くの人に
知られています。この本はもともと毎週新聞に連載されていたコラム
でした。患者とコミュニケーションし、共感する看護師の人生を文章
に著したくて始めたことでした。B現在、キム・ミョンさんは退職後、
第2の人生を生きていらっしゃいます。C病院でボランティア活動を
しながらその合間に書いた文章を集めて今回出版することになりまし
た。それでは、今回の本はどんな内容なのか作家さんをお招きして一
度聞いてみましょうか。

Q1. 誰がなぜ話をしていますか。それぞれ適切なものを選びなさい。

가. 本の著者

나. 司会者

が

(a) 自分の本を宣伝するため

(b) 作家の本を紹介するため

Q2. 聞いた内容として正しいものを選びなさい。

① キム・ミヨン氏の今回の本は2作目だ。

② キム・ミヨン氏は現在も看護師として働いている。

③ この本はボランティアたちの経験から成る話である。

---

1. 나、(b)

この人物は今回新しく出版された本の著者とその本の内容を簡単に紹介している。最後に作家を迎えるための言葉を述べているので、話し手はイベントを進行する司会者だとわかる。

2. ①

① → **A**と**C**から、キム・ミヨン氏は最初の本で人々に知られ、今回出版する本は2作目の作品であることがわかる。

② → **B**から、現在は退職していることがわかる。

③ → **C**で、この本はボランティアの合間に書いたものとあるが、ボランティアの人たちの話を集めた本とは言っていない。

単語 □출판 出版 □시절 時代 □호평 好評 □연재하다 連載する
　　　□칼럼 コラム □퇴직 退職 □틈틈이 合間に

練習② 実戦練習

🔊 (2)3-4

[1-2] 다음을 듣고 물음에 답하십시오.

1. 남자는 무엇을 하고 있는지 고르십시오.
① 도서관의 역할에 대해 설명하고 있다.
② 도서관 문화 프로그램을 홍보하고 있다.
③ 도서관의 내부를 자세히 소개하고 있다.
④ 도서관의 필요성에 대해 강조하고 있다.

2. 들은 내용으로 맞는 것을 고르십시오.
① 작품 제작을 위한 공간이 마련되어 있다.
② 이 도서관은 보수를 마치고 다시 문을 열었다.
③ 이 도서관에서는 다양한 분야의 책을 볼 수 있다.
④ 이 도서관에서 미술과 관련된 책을 구매할 수 있다.

[1-2] 次の音声を聞いて質問に答えなさい。

> 남자: 오늘 이렇게 우리 도서관의 개관을 축하하기 위해 오신 여러분들께 감사의 말씀을 드립니다. 우리 도서관은 국내 최초 Ａ미술 서적 전문 도서관으로 공공도서관 서비스는 물론 작품의 전시나 예술가와의 만남 등 미술관으로서의 역할도 하게 될 것입니다. 각 층별 소개를 하자면 지상 1층은 전시실로 여러 작가의 작품들이 전시되어 있습니다. 2층의 자료 열람실에서는 어린이·청소년 자료와 일반 자료가 하나의 공간에 배치되어 연령별, 주제별 자료 열람이 가능합니다. 마지막 Ｂ3층에는 예비 작가를 위한 창작 공간과 함께 문화 프로그램을 운영할 수 있는 다목적 강당이 있습니다. 앞으로 우리 도서관은 미술 전문가와 지역 주민들을 연결하는 새로운 공간으로 자리 잡아 시민들의 삶을 변화시킬 수 있는 새로운 문화 공간으로서의 역할을 해 나갈 것입니다.

男性：本日このように当図書館の開館を祝うためにお越しくださった皆様に感謝申し上げます。当図書館は国内初の Ａ美術書籍専門の図書館で、公共図書館サービスはもちろん、作品の展示や芸術家との出会いなど、美術館としての役割も果たす予定です。フロア別にご紹介しますと、地上1階は展示室で、複数の作家の作品が展示されています。2階の資料閲覧室では子供・青少年向けの資料と一般資料が一つの空間に配置されており、年齢別、主題別に資料の閲覧が可能です。最後の Ｂ3階には美術家の卵のための創作空間とともに文化プログラムを運営できる多目的講堂があります。今後、当図書館は美術専門家と地域住民をつなぐ新しい空間となり、市民の暮らしを変化させることができる新しい文化空間としての役割を果たしていきます。

1. 男性は何をしているか選びなさい。
① 図書館の役割について説明している。
② 図書館文化プログラムを宣伝している。
③ 図書館の内部を詳しく紹介している。
④ 図書館の必要性について強調している。

2. 聞いた内容として正しいものを選びなさい。
① 作品制作のための空間が設けられている。
② この図書館は補修を終えて再びオープンした。
③ この図書館ではさまざまな分野の本を読むことができる。
④ この図書館で美術に関連する本を購入することができる。

---

1. ③
男性は図書館の開館式に出席した人たちに対し、挨拶をしながら図書館を
フロア別に詳しく紹介しているので、正解は③。

2. ①
① → B で、3階に美術家の卵のための創作空間があると言っている。
② → このような内容はない。
③ → A から、この図書館は美術書籍専門の図書館なので他の分野の本は
　　見られないことがわかる。
④ → 本を買うことができるとは言っていない。

単語　□開館 開館　□配置 配置　□閲覧 閲覧　□予備 予備
　　　□創作 創作　□用意される 用意される　□補修 補修

Unit 4 　講演

問題［33-34］［41-42］［45-46］［49-50］

問題33-34、41-42、そして45-46と49-50は専門家の講演を聞いて解く問題です。33-34のように話の内容は専門的でも日常でよく使う比較的易しい単語を使うものから、49-50のようになじみのない専門用語を使うものがあります。会話形式ではなく、一人の人物が話します。

問題の種類・ポイント

問題[33]	話のテーマとして正しいものを選ぶ。
	話の中心となるテーマを把握する問題です。話の一部ではなく全体を聞いて正解を選びましょう。選択肢はテーマを他の単語で短く要約しています。

問題[41]

講演の中心となる内容として正しいものを選ぶ。

講演の中心となる内容は、話の中ほどによく出てきます。最も重要な文を把握し、それ以外の補足的な文と区別するように意識するとよいでしょう。

問題[46]［50]

話者の態度やその話し方として最も適切なものを選ぶ。

講演に関する表現、態度を描写するさまざまな単語を知っておく必要があります。文章の構造を簡単に要約してみる練習をしておくとよいでしょう。

問題[34]［42]
[45]［49]

聞いた内容と一致するものを選ぶ。

内容の詳細をメモしながら音声を聞くとよいでしょう。聞いたことのない難しい単語が出てきた場合は内容からその意味を推測しましょう。

●講演に関する表現

表現	例（問題の音声で流れる内容）
평가하다 評価する	（긍정적）이와 같은 조선 시대 왕에 대한 기록은 매우 특별하고 학술적인 가치가 높습니다. （肯定的）このような朝鮮時代の王に関する記録は非常に特別で学術的な価値が高いです。 （부정적）처음의 기대와 달리 새로운 제도가 큰 효과가 없는 것으로 나타났습니다. （否定的）当初の期待と違って、新しい制度は大きな効果がないことがわかりました。
강구하다 深く考える	점차 노인 인구가 증가하고 노인 우울증 문제가 심각해지고 있습니다. 앞으로 이런 문제를 해결할 수 있는 정부 대책이 필요합니다. 次第に高齢者の人口が増加し、高齢者のうつ病の問題が深刻になっています。今後、このような問題を解決することのできる政府の対策が必要です。
경계하다 警戒する	새로운 로봇 기술이 가져올 미래에 대해서는 여러 가지 의견이 많습니다. 하지만 이 기술의 파장을 생각해 볼 때 사회 안에서 올바르게 사용되도록 주의해야 할 것입니다. 新しいロボット技術がもたらす未来についてはさまざまな意見があります。しかし、この技術が及ぼす影響を考えると、社会の中で正しく使われるように注意しなければなりません。
설명하다 説明する	고령화 사회란 65세 이상의 인구가 7% 이상인 것을 의미합니다. 「高齢化社会」とは65歳以上の人口が7%以上であることを意味します。
비교하다 比較する	나비는 낮에 활동하지만 나방은 보통 밤에 활동한다는 특징을 가지고 있습니다. 蝶は昼間に活動しますが、蛾は普通夜に活動するという特徴を持っています。
묘사하다 描写する	아이들이 좋아하는 뽀로로는 커다랗고 둥근 안경을 쓰고 있습니다. 子供たちが好きなポロロは大きくて丸い眼鏡をかけています。
요약하다 要約する	간략하게 이야기하면 다음과 같습니다. 簡単に話すと次のようになります。

表現	例（問題の音声で流れる内容）
반성하다 反省する	문화가 경제에 미치는 영향을 고려하지 않고 일관된 제도를 도입하려고 했던 것은 잘못이었습니다. 文化が経済に及ぼす影響を考慮せず、一貫した制度を導入しようとしたのは間違いでした。
전망하다 展望する	(긍정적) 새로운 제도의 도입으로 청년 실업을 문제는 앞으로 나아질 것으로 보입니다. (肯定的) 新しい制度の導入により、若者の失業問題は今後改善される見込みです。 (부정적) 하지만 분명한 것은 이러한 변화가 국가 경쟁력을 더욱 약화시킬 것입니다. (否定的) しかし、確かなのは、こういう変化が国家競争力をさらに弱めるということです。

講演

🔊)) (2)4-1

[33-34] 다음을 듣고 물음에 답하십시오.

次の音声を聞いて問いに答えなさい。

여자: 비행기가 착륙할 때 바퀴와 지면의 마찰로 인해 엄청난 열이 발생합
니다. 그 온도가 워낙 높아 A 공기를 주입한 타이어에서는 공기에
포함된 산소가 자칫 폭발을 유도할 위험이 있습니다. 그래서 자동차
타이어와 달리 비행기 타이어에는 산소가 혼합되지 않은 질소만을
주입합니다. 타이어 표면의 무늬도 마찰열과 관계가 있는데요. B 자
동차 타이어에는 복잡한 무늬를 넣어 미끄러짐을 방지하지만 C 비
행기 타이어에는 단순한 세로 줄무늬를 사용하여 지면과의 마찰을
줄이고 착륙 시 발생하는 열을 최소화해 줍니다.

---

33. 무엇에 대한 내용인지 맞는 것을 고르십시오.
① 질소의 활용 방법　　② 질소의 생성 원리
③ 비행기 타이어의 특징　　④ 비행기 타이어의 종류

34. 들은 내용으로 맞는 것을 고르십시오.
① 질소는 자동차 타이어에 주로 사용된다.
② 비행기 타이어에는 복잡한 무늬를 새긴다.
③ 단순한 무늬의 타이어는 잘 미끄러지지 않는다.
④ 질소만 주입한 타이어는 폭발 위험이 줄어든다.

〈64회 TOPIK Ⅱ 듣기 33-34번〉

訳

女性：飛行機が着陸する際、車輪と地面の摩擦により、おびただしい熱が
発生します。その温度があまりにも高く、A 空気を注入したタイヤ
では空気に含まれている酸素がまかり間違えば爆発を引き起こす危
険性があります。そのため、自動車のタイヤと違って、飛行機のタ

イヤには酸素が混ざっていない窒素のみを注入します。タイヤ表面の模様も摩擦熱と関係があります。B自動車のタイヤには複雑な模様を入れて滑るのを防いでいますが、C飛行機のタイヤには単純な縦縞を使用して地面との摩擦を減らし、着陸時に発生する熱を最小限に抑えています。

33. 何に関する内容であるか、正しいものを選びなさい。
① 窒素の活用方法
② 窒素の生成原理
③ 飛行機のタイヤの特徴
④ 飛行機のタイヤの種類

34. 聞いた内容として正しいものを選びなさい。
① 窒素は主に自動車のタイヤに使われる。
② 飛行機のタイヤには複雑な模様が刻まれている。
③ シンプルな模様のタイヤは滑りにくい。
④ 窒素だけを注入したタイヤは爆発の危険性が減る。

〈64回TOPIK II 聞き取り 問33-34〉

解答・解説

33.
この講演では、飛行機のタイヤの特殊性について車のタイヤと比較して話している。③が正解。

34.
① → Aから、窒素は車のタイヤではなく飛行機のタイヤに使うことがわかる。
② → Cから、飛行機のタイヤは単純な模様であることがわかる。
③ → Bから、複雑な模様が滑るのを防ぐことがわかる。
④ → Aで、空気を注入したタイヤは酸素によって爆発することがあるので、飛行機のタイヤには窒素だけを注入すると述べている。つまり、窒素だけを注入すると爆発の危険性が減ることがわかる。正解。

単語 □지면 地面 □마찰 摩擦 □주입하다 注入する □산소 酸素
□자칫 まかり間違えば □폭발 爆発 □질소 窒素
□마찰열 摩擦熱 □착륙 着陸 □최소화 最小限

🔊))) (2)4-2

[41-42] 다음은 강연입니다. 잘 듣고 물음에 답하십시오.

次は講演です。よく聞いて問いに答えなさい。

> 여자: 과학자들은 ▲오랜 논의를 거쳐 '감칠맛'을 다섯 번째 미각으로 인정했습니다. Ｂ'감칠맛'은 음식을 더 맛있게 느끼게 해 식욕을 당기게 합니다. 이제 과학자들은 여섯 번째 미각에 관심을 쏟고 있는데요. 여러 맛들이 언급되고 있지만 '깊은맛'이 유력한 후보로 거론되고 있습니다. Ｃ'깊은맛'은 식재료를 오래 끓이거나 숙성, 발효시키는 과정에서 우러나는 맛인데요. Ｄ그 자체로 맛을 가지고 있지는 않지만 다른 맛들과 결합해 음식의 풍미를 높여 줍니다. 콩을 발효해 만든 된장이나 간장을 기본 양념으로 하는 한식에는 '깊은맛'을 맛볼 수 있는 음식이 많습니다.

41. 이 강연의 중심 내용으로 맞는 것을 고르십시오.
① 감칠맛에 대한 연구가 새로이 시작되었다.
② 새로운 미각으로 깊은맛이 주목을 받고 있다.
③ 한식의 조리 과정에서는 발효가 가장 중요하다.
④ 음식의 풍미를 높이는 다양한 방법이 개발되었다.

42. 들은 내용과 일치하는 것을 고르십시오.
① 감칠맛은 다른 맛과 결합해 풍미를 높인다.
② 감칠맛은 미각으로 인정을 받지 못하고 있다.
③ 깊은맛은 식욕을 당기게 해 주는 특징이 있다.
④ 깊은맛은 식재료를 오래 끓여서 낼 수 있는 맛이다.

〈64회 TOPIK Ⅱ 듣기 41-42번〉

訳
女性：科学者たちは▲長い議論を経て、「旨味」を5番目の味覚として認めました。Ｂ「旨味」は料理をさらにおいしく感じさせ食欲をそそります。今や科学者は6番目の味覚に関心を寄せています。さまざ

まな味が挙げられていますが「コク（味の深み）」が有力な候補と
して取り上げられています。　C 「コク」は食材を長く煮込んだり、
熟成、発酵させたりする過程でにじみ出る味です。　D それ自体が味
を持っている訳ではありませんが、他の味と組み合わさって、食べ
物の風味を高めます。大豆を発酵させて作った味噌や醤油を基本的
な味付けとする韓国料理には「コク」を味わうことのできる料理が
たくさんあります。

41. この講演の中心となる内容として正しいものを選びなさい。
① 旨味に関する研究が新たに始まった。
② 新しい味覚としてコクが注目を集めている。
③ 韓国料理の調理過程では発酵が最も重要である。
④ 食べ物の風味を高めるさまざまな方法が開発された。

42. 聞いた内容と一致するものを選びなさい。
① 旨味は他の味と組み合わさって風味を高める。
② 旨味は味覚として認められていない。
③ コクは食欲をそそるという特徴がある。
④ コクは食材を長く煮込んで出せる味である。

〈64回 TOPIK Ⅱ 聞き取り　問41-42〉

解答・解説

41.
「コク（味の深み）」が関心を集めていること、「コク」の出し方とその役
割を説明し、新しい味覚である「コク」が注目されていることを紹介して
いる。したがって②が正解。

42.
① → D で、他の味と組み合わさって風味を高めるのはコクであると言っ
ている。
② → A で、旨味は味覚として認められたと言っている。
③ → B で、食欲をそそるのは旨味だと言っている。
④ → C で、コクは、長時間煮込んだり、熟成、発酵させたりすることで
出せると言っている。正解。

Unit 4

講演

単語 □논의 議論 □미각 味覚 □감칠맛 旨味 □인정하다 認める
□입맛을 당기다 食欲をそそる □숙성 熟成 □발효 発酵
□우러나다 にじみ出る □결합하다 組み合わさる □풍미 風味

(2)4-3

[45-46] 다음은 강연입니다. 잘 듣고 물음에 답하십시오.

次は講演です。よく聞いて問いに答えなさい。

여자: 이 사진 속의 악기는 여러분이 잘 알고 있는 색소폰입니다. A색소폰은 다른 클래식 악기들에 비해 늦은 시기인 19세기 유럽에서 발명됐는데요. 당시 음악계에서 별로 환영을 받지 못했습니다. 음악계를 주도했던 오케스트라는 이미 악기 편성이 확립돼 있었고, B다른 악기들과 조화를 이뤄 연주하기에 색소폰의 음색이 너무 튀었기 때문이죠. C색소폰이 인기를 얻기 시작한 건 20세기 들어 불기 시작한 재즈 열풍 덕분이었는데요. D흔들리듯 불안하게 들리는 색소폰의 음색이 자유로운 분위기의 재즈와 잘 맞아떨어진 겁니다. 관능적이고 호소력 짙은 소리가 독특한 음색으로 인정받게 된 것이죠.

45. 들은 내용과 일치하는 것을 고르십시오.
① 색소폰은 다른 악기와의 합주에 적합했다.
② 색소폰은 19세기부터 활발하게 사용되었다.
③ 색소폰은 재즈 덕분에 인기를 얻기 시작했다.
④ 색소폰의 음색은 편안하고 안정된 느낌을 준다.

46. 여자가 말하는 방식으로 가장 알맞은 것을 고르십시오.
① 색소폰의 위상 변화를 설명하고 있다.
② 색소폰의 연주 방법을 비교하고 있다.
③ 색소폰의 발명 과정을 요약하고 있다.
④ 색소폰의 세부 형태를 묘사하고 있다.

〈64회 TOPIK Ⅱ 듣기 45-46번〉

訳

女性：この写真の楽器は、皆さんがよく知っているサックスです。**A**サックスは他のクラシックの楽器に比べて遅い時期の19世紀のヨーロッパで発明されました。当時、音楽界ではあまり歓迎されませんでした。音楽界を主導していたオーケストラはすでに楽器編成が確立されていて、**B**他の楽器と調和して演奏するにはサックスの音色があまりにも目立ったからです。**C**サックスが人気を集め始めたのは、20世紀に入って起こったジャズブームのおかげでした。**D**揺れるように不安げに聞こえるサックスの音色が自由な雰囲気のジャズとよく合ったのです。官能的でアピールの強い音が独特の音色として認められるようになったのでしょう。

45. 聞いた内容と一致するものを選びなさい。

① サックスは他の楽器との合奏に適していた。

② サックスは19世紀から盛んに使用された。

③ サックスはジャズのおかげで人気を集め始めた。

④ サックスの音色は安らかで安定した感じを与える。

46. 女性の話し方として最も適切なものを選びなさい。

① サックスの地位の変化を説明している。

② サックスの演奏方法を比較している。

③ サックスの発明の過程を要約している。

④ サックスの細部の形態を描写している。

〈64回 TOPIK Ⅱ 聞き取り 問45-46〉

解答・解説

45.

① → **B**で、サックスは他の楽器と調和して演奏するには目立ちすぎると言っている。

② → **A**で、サックスは19世紀には歓迎されなかったと言っている。

③ → **C**で、サックスが人気を集め始めたのはジャズブームのおかげだと言っている。正解。

④→ **D**で、サックスの音色は揺れるように不安げだと言っている。

223

46.

最初サックスが歓迎されなかった時期からジャズブームで人気を得るようになった時期まで、サックスの地位がどのように変わってきたのかを説明している。正解は①。

単語　□색소폰 サックス　□클래식 クラシック
□오케스트라 オーケストラ　□편성 編成　□확립되다 確立される
□조화 調和　□음색 音色　□튀다 目立つ　□재즈 ジャズ
□열풍 ブーム　□관능적 官能的　□호소력이 짙다 訴える力
（アピール）が強い　□위상 地位

🔊 (2)4-4
[49-50] 다음은 강연입니다. 잘 듣고 물음에 답하십시오.
次は講演です。よく聞いて問いに答えなさい。

> 여자 : 이것은 **A** 조선 후기 왕들의 일기인 '일성록'입니다. 하루의 반성문
> 이란 뜻을 가진 이 책은 **B** 왕의 소소한 일상에서부터 국정 업무 전
> 반을 왕의 시점으로 기록한 것인데요. 당시의 **C** 왕들은 '일성록'을
> 신하들이 볼 수 있게 하여 국정 업무에 참고하게 했습니다. 이 일기
> 에는 백성들의 상소와 처리 과정은 물론 그에 대한 왕의 심경까지 기
> 록되어 있고, 18세기부터 20세기에 걸친 세계정세 변화와 동서양의
> 사회 문화적 교류 양상까지도 상세히 적혀 있습니다. '일성록'은 단
> 순한 일기를 넘어 한국뿐만 아니라 세계 역사에도 매우 중요한 사료
> 로 인정받고 있습니다.

49. 들은 내용과 일치하는 것을 고르십시오.
① 이 책은 왕의 업무 내용을 담고 있다.
② 이 책은 신하들에게 공개되지 않았다.
③ 이 책은 백성의 관점에서 작성되었다.
④ 이 책은 조선 시대 이전에 기록되었다.

50. 여자의 태도로 가장 알맞은 것을 고르십시오.

① 기록물의 가치를 높이 평가하고 있다.

② 기록물의 활용 방안을 강구하고 있다.

③ 기록물에 대한 맹신을 경계하고 있다.

④ 기록물의 훼손 가능성을 우려하고 있다.

〈64회 TOPIK Ⅱ 듣기 49-50번〉

Unit 4

講演

訳

女性：これは、A 朝鮮後期の王たちの日記である「日省録（イルソンロク）」
です。一日の反省文という意味を持っているこの本は、B 王のささ
いな日常から国政にかかわる仕事全般までを王の目線で記録したも
のです。当時の C 王たちは「日省録」を家来が見られるようにし、
国政の仕事の参考にさせました。この日記には百姓（当時の国民）
の訴えとその処理過程はもちろん、それに対する王の心境まで記録
されており、18世紀から20世紀にかけての世界情勢の変化と、東
洋と西洋の社会文化的交流の様相までもが詳しく記されています。「日
省録」は単なる日記を超えて、韓国だけでなく世界の歴史にも非常
に重要な史料として認められています。

49. 聞いた内容と一致するものを選びなさい。

① この本は王の職務の内容を盛り込んでいる。

② この本は家来に公開されなかった。

③ この本は百姓の目線で作成された。

④ この本は朝鮮時代以前に記録された。

50. 女性の態度として最も適切なものを選びなさい。

① 記録物の価値を高く評価している。

② 記録物の活用方法を深く考えている。

③ 記録物に対する盲信を警戒している。

④ 記録物の毀損の可能性を懸念している。

〈64回 TOPIK Ⅱ 聞き取り　問49-50〉

225

解答・解説

49.

① → **B**で、この本は王の日常と職務の内容を記録したものだと言っている。正解。

② → **C**から、日省録は家来たちに公開されていたことがわかる。

③ → **B**で、この本は王の目線で作成されたと言っている。

④ → **A**から、この本は朝鮮時代の記録であることがわかる。

50.

記録物（＝日省録）は韓国だけではなく、世界の歴史にもとても重要な意味があると説明し、記録物の価値を高く評価している。したがって正解は①。

単語　□반성문 反省文　□소소하다 ささいだ　□국정 国政
　　　□업무 業務　□전반 全般　□시점 視点　□심경 心境
　　　□세계정세 世界情勢　□사료 史料　□맹신 盲信　□훼손 毀損

練習① 基本練習

🔊)) (2)4-5

1. 다음을 듣고 질문에 답하십시오.

1

Q1. '향수의 노트'가 무엇인지 고르십시오.

① 향수 향의 인상

② 향수를 만드는 원료

③ 향수를 만드는 단계

Q2. 다시 듣고 빈칸을 채우십시오.

> 향수의 노트는 한가지 원료나 여러 가지 배합에서 나타나는 하나의 향에
> 대한 _____을 의미합니다. 일반적인 향수는 향이 나는 단
> 계에 따라 베이스 노트, 미들 노트, 그리고 탑 노트 세 가지로 분류됩니다.
> 베이스 노트, 미들 노트 마지막으로 탑 노트 순으로 그 인상이 오래갑니다.

2

Q1. '대동법'이 무엇인지 고르십시오.

① 조선 시대의 납세 제도

② 조선 시대의 경제 제도

③ 조선 시대의 농업 제도

Q2. 다시 듣고 빈칸을 채우십시오.

> 조선 시대에는 대부분의 사람들이 토지를 기반으로 농업에 종사했습니다.
> 따라서 세금으로 특산물을 바치던 _____인 공물 제도는
> 부담스러운 것이었습니다. 이러한 어려움을 덜어주고자 시작된 것이 '대동
> 법'입니다. 대동법은 조선 시대의 공물을 모두 쌀로 통일해 내게 한 _____
> _____이지요.

3

Q1. 강연의 중심 내용으로 맞는 것을 고르십시오.
① 19세기 변화에 대한 동양 지식인들의 의견
② 19세기 동양과 서양의 만남으로 나타난 변화

Q2. 다시 듣고 빈칸을 채우십시오.

> 19세기 동양과 서양의 충돌은 동양에 큰 변화를 야기했습니다. 이에 따른 동양의 지식인들의 견해도 _____. 어떤 사람들은 서양을 배척해야 한다고 주장했는가 하면 어떤 사람들은 서양의 발전한 문물을 받아드려야 한다고 주장했습니다. 또 그 중간적 입장으로 동양의 정신과 서양의 기술을 합치해야 한다고 한 사람도 있었죠.

4

Q1. 강연의 중심 주제로 맞는 것을 고르십시오.
① 정지한 물체를 움직이게 하는 법
② 운동하는 물체를 멈추게 하는 법

Q2. 다시 듣고 빈칸을 채우십시오.

> 지면에 멈춰 있는 물체를 _____ 위해서는 특별히 더 큰 힘이 요구됩니다. 멈춰 있는 물체가 움직이는 순간의 마찰력을 우리는 최대정지마찰력이라고 부릅니다. 물체를 움직이게 하려는 힘이 이 최대정지마찰력보다 커질 때 비로소 물체는 운동하기 시작합니다.

5

Q1. 여자의 태도로 가장 알맞은 것을 고르십시오.
① 유산균의 유익함을 예를 통하여 설명한다.
② 유산균의 정의를 설명하며 그 가치를 평가한다.

Q2. 다시 듣고 빈칸을 채우십시오.

> 유산균은 여러 부분에서 ＿＿＿＿＿＿＿＿＿. 유산균은 우리 몸의 장 속
> 에 서식하는데 소화를 비롯한 생체 순환에 좋은 영향을 줍니다. 이뿐만 아
> 니라 많은 분들이 알고 계신 바와 같이 면역 기능 향상에 큰 도움이 됩니다.

6

Q1. 여자의 태도로 가장 알맞은 것을 고르십시오.
① 바람직한 읽기 방안 강구의 필요성을 이야기한다.
② 전문가의 의견에 의존하는 독서를 우려하고 있다.

Q2. 다시 듣고 빈칸을 채우십시오.

> 문학작품을 잘 이해하기 위해서는 어떻게 글을 읽어야 할까요? 평론가들
> 의 글을 참고해야 합니까? 아니면 글의 작가가 쓴 해설을 찾아봐야 할까요?
> 저는 여러분이 다른 사람들의 의견보다는 자신의 해석을 믿으시길 바랍니다.
> 그저 전문가의 의견을 따라가는 것은 작품과 독자의 직접적인 소통을 ＿＿＿
> ＿＿＿＿＿＿＿＿ 때문이죠.

7

Q1. 여자가 말하는 방식으로 가장 알맞은 것을 고르십시오.
① 다양한 의견들을 제시하며 분석하고 있다.
② 자신과 다른 의견을 비판하며 주장하고 있다.

Q2. 다시 듣고 빈칸을 채우십시오.

> 삼국의 언어생활에 대한 ＿＿＿＿＿＿＿＿＿＿. 먼저 삼국이 서로 의사소
> 통이 가능한 방언 수준의 차이를 보였다는 주장이 있습니다. 그리고 그 근
> 거로 삼국이 통역을 두었다는 기록이 없다는 것을 듭니다. 하지만 삼국에
> 서 실제로 사용한 단어들만 비교해 보아도 큰 차이를 찾을 수 있기 때문에
> 삼국의 언어는 상당히 달랐다는 주장도 있습니다.

Unit 4

講演

Q1. 여자가 말하는 방식으로 가장 알맞은 것을 고르십시오.
① 조선 시대 연구의 발전 요인을 설명하고 있다.
② 과거와 현재의 조선 시대 연구 방법을 비교하고 있다.

Q2. 다시 듣고 빈칸을 채우십시오.

> 조선 시대 왕과 양반이 아닌 일반 사람들에 대한 연구는 비교적 최근에야 이루어졌습니다. 이는 관련된 자료가 매우 부족했기 때문이죠. 하지만 최근 여러 _____으로 일차 자료가 풍성해졌으며 더불어 자료들이 모두 _____며 연구자들의 접근성도 좋아졌습니다. 이러한 결과로 기존의 여러 이론들이 검증되고 새롭게 정리될 수 있었습니다.

🔊) (2)4-6
2. 다음을 듣고 질문에 답하십시오.

1
Q1. 맞으면 ○, 틀리면 ✕ 하십시오.
가. 보통 사람들은 동양과 서양의 사상이 모두 뛰어나다고 생각한다. (   )
나. 맹자는 자신의 책에 지도자의 역할에 관하여 서술하였다. (   )
다. 동양에서도 현대의 복지와 유사한 개념이 존재하였다. (   )

Q2. 강연에서 다루고 있는 가장 중요한 단어를 고르십시오.
① 동양의 사상   ② 복지의 개념   ③ 지도자의 역할

2
Q1. 맞으면 ○, 틀리면 ✕ 하십시오.
가. 치매는 보통 성장하는 청소년의 뇌에서 발생한다. (   )
나. 치매로 인해 공간을 잘 인식하지 못할 수 있다. (   )
다. 치매 환자의 수는 지속적으로 증가하고 있다. (   )

Q2. 여자의 태도로 가장 알맞은 것을 고르십시오.
① 새로운 치매 치료 방법을 기대하고 있다.
② 치매 검진이 가지고 있는 한계를 지적하고 있다.
③ 치매를 정의하고 구체적인 증상을 설명하고 있다.

3

Q1. 맞으면 ○, 틀리면 × 하십시오.
가. 땅은 움직이지 않는다. ( )
나. 판이란 지구 표면이며 딱딱하고 부서지지 않는다. ( )
다. 한 번 완성된 판구조론은 현재에는 수정되지 않는다. ( )

Q2. 여자가 말하는 방식으로 가장 알맞은 것을 고르십시오.
① 판구조론을 여러 자료를 통하여 분석하고 있다.
② 판구조론를 다른 이론들과 비교하여 소개하고 있다.
③ 판구조론을 통해 이론의 정립 과정을 설명하고 있다.

4

Q1. 맞으면 ○, 틀리면 × 하십시오.
가. 보통 사람들은 교육을 중요하다고 생각한다. ( )
나. 교도소는 학교 건물과는 구조가 매우 다르다. ( )
다. 건물의 구조는 사람들의 정서에 영향을 준다. ( )

Q2. 여자의 태도로 가장 알맞은 것을 고르십시오.
① 현 교육 제도의 가치를 낮게 평가하고 있다.
② 현재의 교육의 맹점을 분석하며 우려하고 있다.
③ 교육의 미래에 대해 긍정적으로 전망하고 있다.

1. 次の音声を聞いて質問に答えなさい。

1

Q1. 「香水のノート」がどういうものか選びなさい。

① 香水の香りの印象　　② 香水を作る原料　　③ 香水を作る段階

Q2. もう一度聞いて空欄を埋めなさい。

女性：香水のノートは、1種類の原料もしくは数種類の配合から作られる一つの香りに対する_____を意味します。一般的な香水は香りがする段階によってベースノート、ミドルノート、そして、トップノートの3段階に分類されます。ベースノート、ミドルノート、最後にトップノートの順でその（香りの）印象が長持ちします。

> Q1. ①
> 女性は、香水のノートは香りの嗅覚的印象だと説明している。
> Q2. 후각적인 인상 嗅覚的な印象
>
> 単語　□원료 原料　□배합 配合　□후각 嗅覚　□인상 印象

2

Q1. 「大同法」がどういうものか選びなさい。

① 朝鮮時代の納税制度
② 朝鮮時代の経済制度
③ 朝鮮時代の農業制度

Q2. もう一度聞いて空欄を埋めなさい。

男性：朝鮮時代には、大部分の人たちが土地を基盤として農業に従事していました。したがって、税金として特産物を納めていた_____である貢物制度は負担となる制度でした。このような困難を減

らそうとして始まったのが「大同法」です。大同法は朝鮮時代の貢物をすべて米に統一して納めるようにした＿＿＿＿＿＿＿＿＿です。

Q1. ①
講義の最後で大同法は税金制度だと説明している。したがって正解は①。
Q2. 납세 제도 納税制度，세금 제도 税金制度

単語　□토지 土地　□기반 基盤　□농업 農業　□종사하다 従事する
　　　□특산물 特産物　□납세 제도 納税制度
　　　□부담스럽다 負担になる　□공물 貢物

---

③

Q1. 講演の中心となる内容として正しいものを選びなさい。
① 19世紀の変化に関する東洋の知識人の意見
② 19世紀の東洋と西洋の出会いによって表れた変化

Q2. もう一度聞いて空欄を埋めなさい。
女性：19世紀の東洋と西洋の衝突は、東洋に大きな変化をもたらしました。これによる東洋の知識人の見解も＿＿＿＿＿＿＿＿＿。ある人は西洋を排斥すべきだと主張した一方で、ある人は西洋の発展した文物を受け入れるべきだと主張しました。また、その中間的な立場として東洋の精神と西洋の技術を合わせるべきだと言った人もいました。

Q1. ①
東洋と西洋の衝突に対する東洋の知識人の見解（＝考え）がさまざまに分かれたと述べ、その例を挙げているので、正解は①。
Q2. 다양하게 나뉘었지요 さまざまに分かれました

単語　□충돌 衝突　□야기하다 もたらす（引き起こす）　□견해 見解
　　　□배척하다 排斥する　□문물 文物　□합치하다 合致する

4

Q1. 講演の中心となるテーマとして正しいものを選びなさい。

① 静止した物体を動かす方法　　② 運動する物体を止める方法

Q2. もう一度聞いて空欄を埋めなさい。

男性：地面に止まっている物体を＿＿＿＿＿＿＿＿＿＿＿ためには、特別により大きい力が求められます。止まっている物体が動く瞬間の摩擦力を、私たちは「最大静止摩擦力」と呼びます。物体を動かす力がこの最大静止摩擦力より大きくなった時、ようやく物体は動き始めます。

> **Q1.** ①
> 止まっている物体を動かすために最大静止摩擦力より大きな力が必要だと
> 説明しているので、正解は①。
> **Q2.** 운동하게 하기　動かす
>
> 単語　□**멈추다** 止まる　□**순간** 瞬間　□**마찰력** 摩擦力
> 　　　□**비로소** ようやく

5

Q1. 女性の態度として最も適切なものを選びなさい。

① 乳酸菌の有益性を、例を用いて説明している。

② 乳酸菌の定義を説明し、その価値を評価している。

Q2. もう一度聞いて空欄を埋めなさい。

乳酸菌はいろんな部分に＿＿＿＿＿＿＿＿＿＿＿。乳酸菌は体の腸内に生息し、消化をはじめとする生体循環に良い影響を与えます。これだけでなく、多くの方々がご存知のように免疫機能の向上に大きく役立ちます。

> **Q1.** ①
> 女性は乳酸菌の有益性について例を挙げて紹介している。

234

6

Q1. 女性の態度として最も適切なものを選びなさい。

① 望ましい読書方法を深く考えることの必要性について話している。

② 専門家の意見に依存する読書を憂慮している。

Q2. もう一度聞いて空欄を埋めなさい。

男性：文学作品をよく理解するためにはどのように文章を読めばいいでしょ
　　　うか。評論家の文章を参考にしなければなりませんか？ それとも、
　　　その作品の著者が書いた解説を探してみるべきでしょうか？ 私は皆
　　　さんが他の人の意見よりは自分の解釈を信じてほしいと思います。た
　　　だ専門家の意見に従うだけでは、作品と読者の直接的なコミュニケー
　　　ションを＿＿＿＿＿＿＿＿＿＿からです

Q1. ②

講演の最後で、女性は専門家の意見に従うことが作品と読者のコミュニケー
ションを妨げる可能性があると憂慮している。

Q2. 방해할 수 있기 妨げる可能性がある

単語 □평론가 評論家 □해설 解説 □해석 解釈 □직접적 直接的
　　　□방해하다 妨げる

7

Q1. 女性の話し方として最も適切なものを選びなさい。

① 多様な意見を提示して分析している。

② 自分と異なる意見を批判しながら主張をしている。

Q2. もう一度聞いて空欄を埋めなさい。

女性：三国（高句麗、百済、新羅）の言語生活に対する＿＿＿＿＿＿＿＿。
まず、三国が互いの意思疎通を可能とする方言レベルの差を見せてい
たという主張があります。そしてその根拠として三国が通訳を置いた
という記録がないということを挙げています。しかし、三国で実際に
使用された単語だけを比較してみても大きな違いが見られるため、三
国の言語はかなり異なっていたという主張もあります。

Q1. ①
女性は三国の言語生活に対する多様な見解があると述べ、二つの意見を提
示して分析している。

Q2. 견해는 다양합니다　見解はさまざまです

単語　□**견해** 見解　□**방언** 方言　□**근거** 根拠　□**기록** 記録

8

Q1. 女性の話し方として最も適切なものを選びなさい。

① 朝鮮時代の研究の発展要因を説明している。

② 過去と現在の朝鮮時代の研究の方法を比較している。

Q2. もう一度聞いて空欄を埋めなさい。

女性：朝鮮時代の王や両班（ヤンバン）ではない一般の人々に関する研究は、
比較的最近になってようやく行われました。これは関連資料が非常に
不足していたからです。しかし、最近さまざまな＿＿＿＿＿＿＿＿＿＿
により一次資料が豊富になり、同時に資料がすべて＿＿＿＿＿＿＿＿
＿＿＿て、研究者も利用しやすくなりました。これらの結果により、従
来のさまざまな理論が検証され、新たに整理されることが可能になり
ました。

Q1. ①
女性は朝鮮時代に関する研究が発展できた要因として、古書の発見と電子化を挙げて説明している。

Q2. 고서의 발견 **古書の発見**, 전산화되 **電子化され**

単語　□**양반** 両班（ヤンバン）　□**고서** 古書
　　　□**전산화되다** 電子化される　□**접근성** 接近性（利用のしやすさ）
　　　□**검증되다** 検証される

2. 次の音声を聞いて問いに答えなさい。

1

여자: A 사람들은 흔히 동양의 사상이 서양의 사상에 비하여 시대에 뒤떨어져 있다고 오해하곤 합니다. 하지만 이러한 생각은 우리가 동양의 사상을 깊게 고찰해보지 않았기 때문에 생긴 오해입니다. B 맹자는 자신의 책에서 지도자의 두 가지 역할로 백성들의 생계를 보장하는 것과 도덕적, 교육적 기준을 마련하는 것을 들었습니다. 생계 보장을 위하여 세금을 줄이고 노약자를 위한 대책을 세워 공평하게 부를 나눌 것을 주장했습니다. 이는 현대 사회의 복지의 개념에 대응되며 C 서양의 복지의 개념이 등장하기 전에 이미 동양에도 이와 같은 개념이 있었음을 보여 줍니다.

女性: A 人々はよく東洋の思想が西洋の思想に比べて時代遅れだと誤解したりします。しかし、このような考えは、我々が東洋の思想を深く考察しなかったために生じた誤解です。B 孟子は自分の本で指導者の二つの役割として百姓の生計を保障することと道徳的、教育的基準を設けることを挙げています。生計保障のために税金を減らし、老弱者のための対策を講じて公平に富を再配分することを主張しました。これは現代社会の福祉の概念に対応し、C 西洋の福祉の概念が登場する前に、すでに東洋にもこのような概念があったことを示しています。

Q1. 正しければ○、間違いであれば×をつけなさい。

가. 普通、人々は東洋と西洋の思想が共に優れていると考えている。

나. 孟子は自分の本に指導者の役割について記した。

다. 東洋でも現代の福祉と類似した概念が存在した。

Q2. 講演で扱っている最も重要な単語を選びなさい。

① 東洋の思想　　② 福祉の概念　　③ 指導者の役割

Q1. 가. ✕　나. ○　다. ○

가. → Ａで人々は東洋の思想が西洋に比べて時代遅れだと言っている。

나. → Ｂで孟子が本で指導者の役割について挙げていると言っている。

다. → Ｃで東洋にも福祉のような概念が存在していたと言っている。

Q2. ①

この講演では東洋の思想が西洋に比べて時代遅れではなかったことを、例を挙げて説明している。したがって、正解は①。

単語　□사상 思想　□오해 誤解　□고찰하다 考察する

　　　□지도자 指導者　□생계 生計　□보장하다 保障する

　　　□대책 対策　□공평하다 公平だ　□개념 概念

2

여자: 치매란 여러 원인으로 성숙한 뇌가 일상생활을 유지할 수 있는 수준의 인지 활동을 하지 못하는 것을 의미합니다. Ａ보통 노년기에 나타나는데, 고령화가 가속되고 있는 우리 사회에서 Ｂ치매로 인하여 고통을 받는 환자와 가족의 수는 계속해서 증가하고 있습니다. 치매 증상의 대표적인 예로는 기억력 감퇴와 공간지각 장애 그리고 계산 장애가 있습니다. 어느날 Ｃ갑자기 집으로 가는 길이 기억나지 않는다거나 시계를 그릴 수 없고, 간단한 덧셈, 뺄셈을 하는 것에 어려움을 느끼신다면 치매를 의심해 볼 수 있습니다. 이외에도 방금 식사를 한 것을 잊고 다시 허기를 느끼는 것도 대표적인 치매의 증상입니다.

女性：認知症とは、いろんな原因で成熟した脳が日常生活を維持できるレベルの認知活動を行えないことを意味します。**A**通常、老年期に現れますが、高齢化が加速している韓国社会で**B**認知症によって苦しむ患者と家族の数は増え続けています。認知症の症状の代表的な例としては、記憶力の低下と**C**空間認知障害、そして計算障害があります。ある日、突然家に帰る道が思い出せなかったり、時計の絵を描くことができなくなったり、簡単な足し算、引き算をすることが難しいと感じたりすると、認知症が疑われます。その他にも、少し前に食事をしたことを忘れて、また空腹を感じるのも代表的な認知症の症状です。

Q1. 正しければ○、間違いであれば×をつけなさい。

가. 認知症は通常、成長する青少年の脳で発生する。

나. 認知症によって空間をよく認識できないことがある。

다. 認知症患者の数は増え続けている。

Q2. 女性の態度として最も適切なものを選びなさい。

① 新たな認知症の治療方法を期待している。

② 認知症検診の限界を指摘している。

③ 認知症を定義し、具体的な症状を説明している。

Q1. 가. ✕ 나. ○ 다. ○

가. → **A**で認知症は通常、老年期に現れると言っている。

나. → **C**にあるように空間を認識できないことも認知症の症状。

다. → **B**で認知症の人の数は増え続けていると言っている。

Q2. ③

講演で女性はまず認知症とは何かを定義し、認知症のさまざまな症状について述べているので、③が正解。

単語　□치매 認知症　□인지 활동 認知活動　□노년기 老年期
　　　□고령화 高齢化　□가속되다 加速する　□기억력 감퇴 記憶力の低下
　　　□공간지각 장애 空間認知障害　□계산 장애 計算障害　□허기 空腹

여자: 우리가 서 있는 **A**땅은 매우 단단하고 움직이지 않는 것 같지만 사실은 그렇지 않습니다. 지구 표면은 **B**딱딱하지만 깨어지기 쉬운 판으로 이루어져 있으며 이 판들이 이동하며 화산 및 지진이 발생합니다. 그리고 이것을 정리한 것이 바로 판구조론입니다. 1910년 대륙들이 이동한다는 대륙이동설에서 바다가 확장된다는 해저확장설을 거쳐 1960년 초에 드디어 판구조론이 정립되었습니다. 물론 **C**현재에도 새로운 발견과 연구를 통하여 수정과 보완이 되고 있습니다. 이처럼 보편적으로 인정되는 위대한 과학 법칙들은 한 번에 정립되는 경우가 거의 없습니다. 오랜 시간에 걸쳐 여러 사람들의 끊임없는 연구와 보완으로 만들어집니다.

女性：私たちが立っている**A**地面は非常に硬く、動いていないように思われますが、実際はそうではありません。地球の表面は**B**硬いですが、割れやすい板（プレート）でできていて、これらの板（プレート）が移動し、火山や地震が発生します。そして、このことをまとめたのがプレートテクトニクスです。1910年、大陸が移動するという大陸移動説から海が拡張されるという海洋底拡大説を経て、1960年代初頭に、ついにプレートテクトニクスが確立されました。もちろん**C**現在も新しい発見と研究を通じて修正と補完が行われています。このように普遍的に認められる偉大な科学法則は、一度に確立されることはほとんどありません。長年にわたり、多くの人々の絶え間ない研究と補完によってつくられています。

Q1. 正しければ◯、間違いであれば×をつけなさい。

가. 地面は動かない。

나. プレートとは地球の表面であり、硬くて壊れない。

다. 一度完成したプレートテクトニクスは、現在では修正されない。

Q2. 女性の話し方として最も適切なものを選びなさい。

① プレートテクトニクスをさまざまな資料を通じて分析している。

② プレートテクトニクスを他の理論と比較して紹介している。

③ プレートテクトニクスを通じて理論の確立する過程を説明している。

Q1. 가. ✕　나. ✕　다. ✕

가. → **A** で地面が動いていないように思われるが、そうではないと言っている。

나. → **B** でプレートは硬いが壊れやすいと言っている。

다. → **C** で現在も修正が行われていると言っている。

Q2. ③

女性は科学法則がどのように確立されるかについてプレートテクトニクスを例に挙げて説明している。したがって、正解は③。

単語　□화산 火山　□지진 地震　□대륙 大陸　□확장되다 拡張される
　　　□정립되다 確立される　□수정 修正　□보완 補完
　　　□보편적이다 普遍的だ

여자 : A모두들 교육이 매우 중요하다고 생각합니다. 더 좋은 교육 방법과 제도를 위해서 정부를 비롯한 많은 교육기관이 투자를 하고 있습니다. 그런데 저는 오늘 좀 다른 이야기를 하고 싶습니다. 교육이 정말 그렇게 중요하다면 교육이 진행되는 장소도 중요하지 않을까요? B학교 건물을 보면 교도소와 그 구조가 아주 유사합니다. 그러니 같은 규격으로 만들어진 교실에서 아이들이 갇혀 있는 듯 느끼는 것은 당연한 일이겠지요. 더욱이 정서적으로 안정감을 갖기 위해서 사람은 땅과 가까이 있어야 하는데, 비용을 줄이고자 높이 지은 학교는 이런 점을 전혀 고려하지 않습니다. 심지어 저층은 교장실과 행정실로 사용하니 C우리 아이들의 정서 발달이 정말 걱정됩니다.

女性 : A誰もが教育はとても重要だと思っています。より良い教育の方法と制度のために、政府をはじめ、多くの教育機関が投資を行っています。ところで、私は今日少し違う話をしたいと思います。教育が本当にそんなに重要なら、教育が行われる場所も重要ではないでしょうか。B学校の建物を見ると、刑務所とその構造がとても似ています。ですから、似ている規格で作られた教室で子供たちが閉じ込められているように感じるのは当然のことでしょう。さらに情緒的に安定感を持つためには人間は地面の近くにいなければなりませんが、費用を抑えようと高く建てた学校はこのような点を全く考慮していません。その上、低層階は校長室や事務室として使うので、C子供たちの情緒の発達が本当に心配です。

Q1. 正しければ○、間違いであれば×をつけなさい。

가. 普通、人々は教育を重要だと考える。

나. 刑務所は学校の建物と構造が非常に異なっている。

다. 建物の構造は人々の情緒に影響を与える。

Q2. 女性の態度として最も適切なものを選びなさい。

① 現教育制度の価値を低く評価している。

② 現在の教育の盲点を分析して憂慮している。

③ 教育の未来に対して肯定的に見ている。

Q1. 가. ○　나. ×　다. ○

가. → **A** で、皆、教育を重要だと思っていると言っている。

나. → **B** で、学校の建物と刑務所の建物はとても似ていると言っている。

다. → 女性は低層階に教室のない校舎の構造について述べながら、**C** の
ように子供たちの情緒について心配している。

Q2. ②

女性は人々が教育を重視しながらも学校の建物の構造については考えてい
ない点（＝盲点）を指摘し、子供たちの情緒について心配しているので、
正解は②。

単語　□제도 制度　□투자(를) 하다 投資する　□교도소 刑務所
　　　□유사하다 類似している　□갇히다 閉じ込められる
　　　□안정감 安定感　□정서 발달 情緒の発達　□맹점 盲点

練習② 実戦練習

🔊》 (2)4-7

[1-2] 다음을 듣고 물음에 답하십시오.

1. 무엇에 대한 내용인지 맞는 것을 고르십시오.
① 드론의 활용 방법
② 드론의 비행 원리
③ 드론 상용화의 문제점
④ 드론 기술의 발전 과정

2. 들은 내용으로 맞는 것을 고르십시오.
① 드론으로 일상 생활이 많이 변화하였다.
② 드론을 이용한 택배 시스템이 개발되었다.
③ 드론은 생태계에 좋지 않은 영향을 줄 수 있다.
④ 드론을 사용하면 소음이 없이 배송이 가능하다.

[3-4] 다음을 듣고 물음에 답하십시오.

3. 이 강연의 중심 내용으로 맞는 것을 고르십시오.
① 영화는 여러 사회적 문제를 반영한다.
② 영화는 현실을 반영해야 흥행할 수 있다.
③ 영화를 통해서 많은 지식을 얻을 수 있다.
④ 과거와 현재의 영화 산업은 매우 유사하다.

4. 들은 내용과 일치하는 것을 고르십시오.
① 1960년대에는 여성들의 사회 진출이 줄어들었다.
② 영화 '하녀'는 남성 노동력에 대한 두려움이 담겨있다.
③ 최근에는 개인이 극복하기 어려운 사회 양분화가 문제이다.
④ 최근 영화는 걱정과 두려움보다는 노력의 중요성을 강조한다.

244

[5-6] 다음을 듣고 물음에 답하십시오.

5. 들은 내용과 일치하는 것을 고르십시오.
① 최근 도마뱀을 키우는 사람이 늘고 있다.
② 도마뱀을 키우려면 넓은 장소가 필요하다.
③ 햄스터와 고슴도치도 도마뱀처럼 탈피한다.
④ 도마뱀은 자주 씻기 때문에 냄새가 나지 않는다.

6. 여자의 태도로 가장 알맞은 것을 고르십시오.
① 다양한 동물의 사육을 경계하고 있다.
② 잘못된 도마뱀 사육을 우려하고 있다.
③ 도마뱀 사육의 장점을 평가하고 있다.
④ 사육 환경의 개선 방안을 강구하고 있다.

[7-8] 다음을 듣고 물음에 답하십시오.

7. 들은 내용과 일치하는 것을 고르십시오.
① 세포의 핵 속에는 유전자가 없다.
② 세포질 속에는 유전물질이 들어있다.
③ 미토콘드리아는 아버지에게 물려받는다.
④ 최초의 어머니는 유전물질로 찾을 수 없다.

8. 여자가 말하는 방식으로 가장 알맞은 것을 고르십시오.
① 유전물질의 형태를 묘사하고 있다.
② 유전자 연구 방법을 비교하고 있다.
③ 유전자 분석 기술의 발전을 요약하고 있다.
④ 유전물질을 통한 연구 사례를 소개하고 있다.

 練習② 実戦練習　訳と解答

[1-2] 次の音声を聞いて質問に答えなさい。

> 여자: 드론이 개발되며 A많은 사람들은 우리의 생활이 얼마나 달라질까
> 기대하게 되었습니다. 일부 사람들은 지금 이용하고 있는 B택배와
> 배달 시스템에서도 곧 드론을 이용하게 될 것이라는 전망을 내놓았죠.
> 하지만 드론을 이렇게 이용하기에는 치명적인 약점이 있습니다. 드
> 론을 상용화하는 것의 가장 큰 두 가지 문제는 다음과 같습니다. 첫
> 째로, 많은 C드론이 움직이게 되면 하늘로 이동하는 여러 동물들의
> 생태계에 혼란을 줄 수 있다는 것입니다. 둘째로, 드론을 이용해 보
> 신 분들은 아실텐데요. D드론이 매우 시끄럽습니다. 따라서 드론을
> 기반으로 하는 배송 서비스의 상용화는 생각만큼 쉬운 일이 아닙니다.

女性：ドローンが開発され、A多くの人は私たちの生活がどれぐらい変わ
るか期待するようになりました。一部の人は今利用しているB宅配
と配達システムにもまもなくドローンを利用することになるだろうと
いう予測をしています。しかし、ドローンをそのように利用するには
致命的な弱点があります。ドローンを商用利用することの非常に大き
な二つの問題点は次のとおりです。一つ目は、多くのCドローンが
動くと、空を移動するさまざまな動物の生態系に混乱を与える恐れが
あるということです。二つ目は、ドローンを利用したことのある方は
ご存知だと思いますが、Dドローンはとてもうるさいです。したがっ
て、ドローンを基盤とした配送サービスの商用化は、考えているほど
容易なことではありません。

1. 何に関する内容か正しいものを選びなさい。
① ドローンの活用方法
② ドローンの飛行原理
③ ドローン商用化の問題点
④ ドローン技術の発展過程

2. 聞いた内容として正しいものを選びなさい。

① ドローンで日常生活が大きく変化した。

② ドローンを利用した宅配システムが開発された。

③ ドローンは生態系によくない影響を与える可能性がある。

④ ドローンを使えば騒音のない配送が可能である。

> **1.** ③
>
> この講演はドローン技術が持っている問題点を通じて商用化が難しい理由を説明している。したがって、正解は③。
>
> **2.** ③
>
> ① → A から、まだ変わっておらず、期待の段階であることがわかる。
>
> ② → B から、まだ開発されておらず、見通しであることがわかる。
>
> ③ → C でドローンが生態系に混乱を与える恐れがあると言っている。
>
> ④ → D でドローンはうるさいと言っているので答えではない。
>
> 単語 　□드론 ドローン 　□전망을 내놓다 予測をする
> 　　　　□치명적이다 致命的だ 　□상용화하다 商用化する
> 　　　　□생태계 生態系 　□기반으로 하다 基盤とする

[3-4] 次の音声を聞いて質問に答えなさい。

> 여자: 영화를 살펴보면 영화가 만들어진 당시의 사람들이 걱정하고 두려워하는 것이 무엇인지를 알 수 있습니다. 1960년대 큰 인기를 끌었던 A '하녀'라는 영화에서는 시골에서 유입된 젊은 여성 노동력이 가정을 무너뜨릴 수 있음을 두려워하고 있습니다. B 더불어 증가하는 여성의 사회 진출에 대한 여러 우려들이 많은 영화에서 잘 나타납니다. 그렇다면 최근에는 영화에서 어떤 두려움을 살펴볼 수 있을까요? 가장 많이 발견되는 것은 영화 '성실한 나라의 엘리스'와 '기생충'에서 나타나는 C 노력해도 극복할 수 없는 사회 양분화입니다. D 한때는 노력으로 극복할 수 있을 것 같았던 가난이, 더 이상 개인의 힘

女性：映画を見ると、映画が作られた当時の人々が心配し、不安に感じていたことが何なのかを知ることができます。1960年代に大きな人気を集めた A「下女」という映画では田舎から流入した若い女性労働力が家庭を崩壊させる可能性があることに不安を感じています。 B 同時に、増加する女性の社会進出に対するさまざまな懸念が多くの映画でよく表れています。それでは、最近は映画でどんな不安を見ることができるでしょうか？ 最も多く見られるのは、映画「誠実な国のアリス」と「パラサイト」に現れる、 C 努力しても克服できない社会の二極化です。 D 一時は努力で乗り越えられそうだった貧困が、もはや個人の力で乗り越えられるものではないという人々の心配と不安が反映されているのです。

3. この講演の中心となる内容として正しいものを選びなさい。
① 映画はさまざまな社会的問題を反映する。
② 映画は現実を反映してこそ興行することができる。
③ 映画を通じて多くの知識を得ることができる。
④ 過去と現在の映画産業は非常に似ている。

4. 聞いた内容と一致するものを選びなさい。
① 1960年代には女性の社会進出が減少した。
② 映画「下女」は男性労働力に対する不安が描かれている。
③ 最近は個人が克服しにくい社会の二極化が問題である。
④ 最近の映画は、心配や不安よりも努力の重要性を強調する。

3. ①
この講演は、映画がその時代の社会問題を描いていることを述べている。したがって、正解は①。②の興行に関する内容はない。

4. ③

① → B から、女性の社会進出は増加したことがわかる。

② → A から、「下女」は男性労働力ではなく女性労働力に関する話であ
ることがわかる。

③ → C から、時代を反映しているとされる映画で、最近では社会の二極
化が多く見られることがわかるので、これが正解。

④ → D では、最近の映画にも心配と不安が反映されていると言っている。

単語　□유입되다 流入する　□노동력 労働力　□무너뜨리다 崩す
　　　□우려 懸念、憂慮　□양분화 二極化　□극복하다 克服する
　　　□반영되다 反映される　□흥행하다 興行する

[5-6] 次の音声を聞いて質問に答えなさい。

여자 : 가정에서 A도마뱀을 사육하는 사람들이 많아지면서 최근 저에게도
많은 분들이 관련 질문을 많이 하십니다. B도마뱀은 개나 고양이와
달리 넓은 장소를 필요로 하지 않는다는 점에서 좁은 집에서도 키울
수 있다는 장점이 있습니다. 햄스터나 고슴도치와 같은 설치류도 물
론 넓은 장소를 필요로 하지는 않지만, 그런 동물들은 악취가 심하다
는 단점이 있지요. 하지만 C도마뱀은 탈피를 하기 때문에 따로 목
욕을 시킬 필요도 없을뿐더러 냄새도 전혀 나지 않습니다. 사람으로
비유하자면 자주 옷을 갈아입는다고 할 수도 있겠군요. 더욱이 탈피
후 껍질도 스스로 모두 먹어치우기 때문에 좁은 주거 환경에서 키우
기 좋은 동물이지요.

女性 : 家庭で A トカゲを飼育する人が多くなり、最近私も多くの方々から
それに関連する質問をたくさんいただいております。B トカゲは犬
や猫と違って、広い場所を必要としないという点で狭い家でも飼える
という長所があります。ハムスターやハリネズミのようなげっ歯類も
もちろん広い場所を必要としませんが、そういう動物は悪臭がひどい

という短所があります。しかし、C トカゲは脱皮するため、別途入浴させる必要もない上、臭いも全くしません。人に例えると、頻繁に服を着替えると言えるでしょう。さらに脱皮後、皮も自分で全部食べてしまうので、狭い住居環境で育てやすい動物です。

5. 聞いた内容と一致するものを選びなさい。
① 最近トカゲを飼う人が増えている。
② トカゲを飼うには広い場所が必要である。
③ ハムスターとハリネズミもトカゲのように脱皮する。
④ トカゲはよく洗う（入浴する）ので臭いがしない。

6. 女性の態度として最も適切なものを選びなさい。
① いろんな動物の飼育を警戒している。
② 間違ったトカゲの飼育を憂慮している。
③ トカゲの飼育の長所を評価している。
④ 飼育環境の改善策を深く考えている。

5. ①
① → A で、トカゲを飼う人が多くなったと言っている。
② → B で、トカゲは広い場所は必要ないと言っている。
③ → このような内容はない。
④ → C で、トカゲが臭わない理由は脱皮するからだと言っている。
6. ③
講演では、トカゲと他の動物を比較し、狭い住居環境でのトカゲ飼育の長所を評価している。

単語　□도마뱀 トカゲ　□설치류 げっ歯類　□악취 悪臭
　　　□탈피 脱皮　□껍질 皮　□주거 환경 住居環境

250

[7-8] 次の音声を聞いて質問に答えなさい。

> 여자: 인류 최초의 어머니는 누구일까요? 우리의 세포 속에 이 질문에 대한 답이 담겨 있습니다. 흔히 아버지와 어머니가 동일하게 자녀에게 유전자를 물려준다고 생각하지만, 사실은 그렇지 않습니다. A 세포핵 속의 유전자는 아버지와 어머니가 같은 양을 물려주지만, B 세포질 속 미토콘드리아의 유전물질은 그렇지 않습니다. 세포를 채우고 있는 C 세포질과 세포질 속의 물질은 오직 어머니에게서만 물려받기 때문이지요. 따라서 D 세포질 속 유전물질의 기원을 따라 올라가면 최초의 어머니를 찾을 수 있게 됩니다. 우리는 이 최초의 어머니를 '미토콘드리아 이브'라고 부르는데 연구자들은 최초의 어머니가 20만 년 전 칼라하리에 살았다는 것을 밝혀냈습니다.

女性：人類最初の母親は誰でしょうか？ 私たちの細胞の中にこの質問に対する答えが含まれています。よく父親と母親が同じように子供に遺伝子を伝えると考えますが、実はそうではありません。A 細胞核の中の遺伝子は父親と母親が同じ量を伝えますが、B 細胞質の中のミトコンドリアの遺伝物質はそうではありません。細胞を満たしている C 細胞質と細胞質の中の物質は、母親からしか受け継がないからです。したがって D 細胞質の中の遺伝物質の起源に遡ると最初の母親を見つけることができます。私たちはこの最初の母親を「ミトコンドリア・イブ」と呼びますが、研究者は最初の母親が20万年前にカラハリ砂漠に住んでいたことを明らかにしました。

7. 聞いた内容と一致するものを選びなさい。
① 細胞の核の中には遺伝子がない。
② 細胞質の中には遺伝物質が入っている。
③ ミトコンドリアは父親から受け継がれる。
④ （人類の）最初の母親は遺伝物質では見つからない。

251

8. 女性の話し方として最も適切なものを選びなさい。

① 遺伝物質の形態を描写している。

② 遺伝子の研究方法を比較している。

③ 遺伝子の分析技術の発展を要約している。

④ 遺伝物質を通じた研究事例を紹介している。

---

7. ②

① → **A**から、遺伝子が細胞核の中にあることがわかる。

② → **B**から、遺伝物質を持つミトコンドリアが細胞質の中にあることがわかる。

③ → ミトコンドリアは細胞質の中の物質であるが、**C**で、細胞質の中の物質は母親から受け継がれると言っている。

④ → **D**で、遺伝物質によって最初の母親を見つけたと言っている。

8. ④

女性は細胞質の中の遺伝物質によって人類最初の母親を見つけた事例を紹介している。したがって、正解は④。

単語　□세포 細胞　□유전자 遺伝子　□핵 核　□유전물질 遺伝物質
　　　□세포질 細胞質　□물려받다 受け継ぐ、伝わる
　　　□기원 起源、ルーツ　□최초 最初

Unit 5　ドキュメンタリー

問題［43－44］

問題43-44はドキュメンタリーを聞いて解く問題です。ドキュメンタリー
は한다体を使ってさまざまなテーマについて説明します。テーマが多様な
ので、一つ一つの単語の意味にとらわれず、全体的な内容をきちんと把握す
ることが正解につながります。

問題の種類・ポイント

問題 ［43］	話の中心となる内容として正しいものを選ぶ 初めや後半の部分で話者が話したいことをまとめていることが多いです。重要な単語を他の言葉で言い換えた選択肢を探します。
問題 ［44］	話の題材に関する細かい点についての質問 話のどの部分から出題されるかわからないため、最初から最後まで集中して聞くことが重要です。詳細をメモするとよいでしょう。

過去問で傾向を把握しよう！

🔊 (2)5-1

[43-44] 다음은 다큐멘터리입니다. 잘 듣고 물음에 답하십시오.

次はドキュメンタリーです。よく聞いて問いに答えなさい。

남자: 새끼 상어가 꼬물꼬물 헤엄을 치는 이 작은 공간은 어미 황갈색수염
상어의 자궁 속이다. 새끼 황갈색수염상어는 인간과 마찬가지로 이
곳에서 약 10개월을 보낸다. 그런데 영양분을 공급받아야 할 탯줄이
보이지 않는다. 어떻게 영양분을 섭취하는 걸까. 어미 상어는 수정
이 되지 않은 수십 개의 무정란을 자궁 속에 가지고 있다. 탯줄이 없
어 움직임이 자유로운 새끼 상어는 이 알들을 찾아다니며 먹는다.
🅰어미 상어 배 속에서부터 헤엄치는 법과 먹이 찾는 법을 함께 익
히고 있는 셈이다. 세상을 살아갈 만반의 준비를 모두 마친 후 마침
내 새끼 상어는 자궁 밖으로 나온다.

43. 이 이야기의 중심 내용으로 맞는 것을 고르십시오.
① 황갈색수염상어가 해양 생태계를 변화시키고 있다.
② 황갈색수엽상어의 서식 공간이 점점 좁아지고 있다.
③ 황갈색수염상어의 자궁은 인간의 자궁과 형태가 유사하다.
④ 황갈색수염상어의 새끼는 자궁 속에서 세상에 나올 준비를 한다.

44. 새끼 상어가 자궁 속에서 무정란을 먹는 이유로 맞는 것을 고르십시오.
① 공간을 넓히기 위해서
② 영양분을 얻기 위해서
③ 수분을 배출하기 위해서
④ 움직임을 줄이기 위해서

〈64회 TOPIK Ⅱ 듣기 43-44번〉

訳
男性：赤ちゃんザメがもぞもぞと泳ぐこの小さな空間は、母ザメの子宮の
中だ。オオセは人間と同様にここで約10ヵ月を過ごす。ところが、
栄養分の供給を行うためのへその緒が見えない。どうやって栄養分
を摂取するのだろうか。母ザメは受精していない数十個の無精卵を
子宮の中に持っている。へその緒がなくて動くのが自由な赤ちゃん

ザメは、これらの卵を探し回って食べる。Ａ母ザメのおなかの中に
いる時から泳ぎ方と餌の探し方を一緒に身につけるというわけだ。外
の世界を生きていく万全の準備をすべて終えた後、ついに赤ちゃん
ザメは子宮の外に出てくるのだ。

注）オオセ：サメの一種。黄褐色のヒゲザメ。

43. この話の中心となる内容として正しいものを選びなさい。
① オオセが海洋生態系を変化させている。
② オオセの生息空間がますます狭くなっている。
③ オオセの子宮は人間の子宮と形が似ている。
④ オオセの赤ちゃんは子宮の中で外の世界に出る準備をする。

44. 赤ちゃんザメが子宮の中で無精卵を食べる理由として正しいものを選
びなさい。
① 空間を広げるため　　　　② 栄養分を摂るため
③ 水分を排出するため　　　④ 動くのを少なくするため

〈64回TOPIKⅡ聞き取り　問43-44〉

解答・解説

43.
Ａで赤ちゃんザメが母ザメのおなかの中にいる時から泳ぎ方と餌の探し方
といった外の世界を生きていく準備をすると言っているので、④が正解。
44.
「赤ちゃんザメが無精卵を食べる」というのは、話の中の「どうやって栄
養分を摂取するのだろうか」についての答えである。したがって正解は②。
話の中の 영양분을 섭취하다（栄養分を摂取する）を選択肢では 영양분을
얻다（栄養分を摂る）に言い換えている。

単語　□새끼　子ども（子）　□꼬물꼬물　もぞもぞと　□자궁　子宮
　　　　□탯줄　へその緒　□무정란　無精卵　□만반의 준비　万全の準備

🔊)) (2)5-2

1. 다음을 듣고 질문에 답하십시오.

1

중심 내용으로 맞는 것을 고르십시오.
① 조선의 여성들도 독립적으로 경제 활동을 할 수 있었다.
② 조선의 여성들은 남성에게 의지하지 않고는 살 수 없었다.

2

중심 내용으로 맞는 것을 고르십시오.
① 우울증은 마음의 감기로 비유되는 흔한 병이다.
② 우울증의 증세는 일반적으로 알려진 것보다 다양하다.

3

시신을 여러 겹으로 쌓은 이유로 맞는 것을 고르십시오.
① 많은 시신을 처리하기 위해서
② 종교적인 관습을 지키기 위해서

4

충분한 수면을 취해야 하는 이유로 맞는 것을 고르십시오.
① 수면을 통하여 뇌가 휴식을 취하기 위해서
② 수면을 통하여 뇌가 입력된 정보를 정리하기 위해서

2. 다음을 듣고 질문에 답하시오.

1

Q1. 맞으면 ○, 틀리면 × 하십시오.

가. 생명체들은 유전물질을 가지고 있다. ( )
나. 바이러스는 안에는 유전물질이 없다. ( )
다. 숙주 안에서의 바이러스는 무생물의 상태이다. ( )

Q2. 중심 내용으로 맞는 것을 고르십시오.
① 바이러스는 숙주가 없으면 살 수 없다.
② 바이러스는 생물과 무생물의 특성을 모두 지닌다.

2

Q1. 맞으면 ○, 틀리면 × 하십시오.

가. 근대에는 후각이 중요한 위치를 담당한다. ( )
나. 근대의 후각은 공중위생과 관련하여 매우 중요하였다. ( )
다. 근대 이전에는 다른 사람의 냄새를 크게 신경 쓰지 않았다. ( )

Q2. 중심 내용으로 맞는 것을 고르십시오.
① 근대화 이후 후각은 역할을 감당하지 못했다.
② 근대화 이후 후각은 공중 보건과 연관되었다.

Unit 5　ドキュメンタリー

1. 次の音声を聞いて質問に答えなさい。

1

> 여자 : 조선 시대 여성들의 삶은 여전히 드러나지 않은 부분이 많다. 기록들 속에서 여성들은 남성이 없이는 생활을 유지하기 어려운 존재로 묘사되어 왔다. 하지만 최근 복원된 이 기록을 살펴보자. <u>이 여성은 오빠들과 동일하게 부모의 재산을 상속받았고 남편과는 독립적으로 자신의 재산을 관리하였다.</u> 결혼을 한 후에도 남편과 별도로 자신의 재산을 관리한 여성의 기록은 이것뿐만이 아니다.

女性 : 朝鮮時代の女性の暮らしは依然として明らかになっていない部分が多い。いくつかの記録の中で、女性は男性なしでは生活を維持できない存在として描写されてきた。しかし、最近復元されたこの記録を見てみよう。この女性は兄と同様に両親の財産を相続し、<u>夫からは独立して自分の財産を管理していた</u>。結婚後も夫とは別に自分の財産を管理した女性の記録はこれだけではない。

中心となる内容として正しいものを選びなさい。
① 朝鮮の女性も独立して経済活動をすることができた。
② 朝鮮の女性は男性に頼らずには生きられなかった。

正解 ①
最近、発見されたさまざまな記録から、女性が男性の兄弟と同じように遺産を受け取り、夫とも別に財産を管理していると述べているため、女性が独立して経済活動をしていたことがわかる。したがって、正解は①。

単語　□묘사되다 描写される　□복원되다 復元される

　　　□상속받다 相続する　□별도로 別に

2

남자: 우울증. 흔히 마음의 감기라 불리는 우울증은 그저 일상에서 우울감을 느끼는 것만을 의미하지 않는다. 우울증 환자의 뇌를 관찰하면 뇌의 다양한 영역에서 여러 가지 변화를 볼 수 있다. 이는 <u>우울증이 여러 가지 모양으로 나타남을 의미하기도 한다</u>. 우울증은 식욕 감퇴와 수면 장애와 같은 우리에게 익숙한 증상 외에도 기억력 감퇴를 비롯한 여러 인지능력의 감퇴로 나타난다.

男性：うつ病、一般的に心の風邪と呼ばれるうつ病は、ただ日常で憂鬱な気分を感じることだけを意味するのではない。うつ病患者の脳を観察すると、脳のさまざまな領域でいろいろな変化を見ることができる。これはうつ病がいろんな形で現れることを意味する。うつ病は食欲低下と睡眠障害のような私たちに馴染みのある症状の他にも、記憶力の低下をはじめ、さまざまな認知能力の低下として現れる。

中心となる内容として正しいものを選びなさい。
① うつ病は心の風邪と例えられるほどよくある病である。
② うつ病の症状は一般的に知られているものより多様である。

正解 ②
うつ病の症状が憂鬱な気分以外にもいろんな形で現れることを説明している。したがって、うつ病の症状が多様だと述べている②が正解。話の中の「증상（症状）」を選択肢では「증세（症勢）」という単語で表現している。

単語　□우울감 憂鬱感（憂鬱な気分）　□영역 領域　□식욕 食欲
　　　□감퇴 減退（低下）　□기억력 記憶力　□인지능력 認知能力
　　　□수면 장애 睡眠障害

Unit 5　ドキュメンタリー

259

> 여자 : 1348년 말부터 시작되어 1349년 여름을 지나면서 잦아들었던 흑사병. 유럽 인구의 60%가 사망했는데, 이는 날마다 200명을 매장했다는 것을 의미한다. 당시의 사람들은 많은 시신을 처리하기 위해서 땅을 파서 시신을 놓고 그 위에 진흙을 덮은 후 다시 그 위에 시신을 놓았다. 그 자리를 조사해보면 매우 혼란한 상황에서도 시신들은 가지런히 처리된 것을 볼 수 있는데 이는 종교적인 이유 때문이었다.

女性 : 1348年末から始まり、1349年の夏を過ぎて収まったペスト。ヨーロッパの人口の60%が死亡したが、これは毎日200人を埋葬したことを意味する。当時の人々は多くの遺体を処理するために地面を掘って遺体を置き、その上に泥をかぶせた後、またその上に遺体を置いた。その場所を調査してみると、非常に混乱した状況でも遺体はきちんと処理されていたことがわかるが、これは宗教的な理由のためであった。

遺体を何重にも積み重ねた理由として、正しいものを選びなさい。
① 多くの遺体を処理するため
② 宗教的慣習を守るため

正解 ①

当時の人々が多くの遺体を処理するために遺体を何重にも積み重ねたと述べている。したがって、正解は①。人々が宗教的な慣習を守るためにしたことは、遺体をきちんと処理したこと。

単語　□**잦아들다** 収まる　□**흑사병** ペスト（黒死病）
　　　□**사망하다** 死亡する　□**매장하다** 埋葬する　□**시신** 遺体
　　　□**가지런하다** 整然としている、きちんとしている

4

남자 : 이곳은 대학의 도서관이다. 대학의 시험 기간이면 밤을 새워 공부하는 학생들을 쉽게 찾아볼 수 있다. 짧은 시간 안에 많은 것을 공부하고자 잠을 포기한 것이다. 하지만 이는 뇌과학의 관점에서 좋지 않은 선택이다. 잠은 마치 우리의 뇌가 아무것도 하지 않고 쉬는 것처럼 보인다. 하지만 뇌는 우리가 잠을 자는 동안 입력된 정보를 정리한다. 잠이 부족하면 우리의 뇌는 계속 입력되는 정보를 효과적으로 처리하지 못하고 정보와 정보를 연결할 수도 없다.

男性：ここは大学の図書館である。大学の試験期間なら徹夜で勉強する学生がすぐに見つかる。短い時間で多くのことを勉強しようと、睡眠を諦めたのだ。しかし、これは脳科学の観点からよくない選択である。<u>睡眠はまるで私たちの脳が何もしないで休んでいるように思われる。しかし、脳は私たちが寝ている間に入力された情報を整理する。</u>睡眠が足りなければ、私たちの脳は継続して入力される情報を効果的に処理できず、情報と情報を繋げることもできない。

十分な睡眠をとらなければならない理由として、正しいものを選びなさい。
① 睡眠を通じて脳が休息をとるため
② 睡眠を通じて脳が入力された情報を整理するため

正解 ②
睡眠中、脳は休んでいるように見えますが、入力された情報を整理すると説明している。したがって、正解は②。

単語　□**입력되다** 入力される　□**수면을 취하다** 睡眠をとる
　　　□**뇌과학** 脳科学

5 ドキュメンタリー

261

2. 次の音声を聞いて質問に答えなさい。

1

여자 : 바이러스는 생명체인가? 과학자들은 이 문제로 오랜 시간 논쟁을 해 왔다. 이는 바이러스가 생물적 특성과 무생물적 특성을 모두 보이기 때문이다. 일반적으로 생명체를 정의하는 데에는 중요한 요건이 몇 가지 있는데, 그중 한 가지는 A 생명체라면 자신의 유전물질로 자신과 유사한 생명체를 재생산할 수 있어야 한다는 것이다. 그런데 문제는 바이러스가 이 조건을 완벽히 충족시킨다고 보기 어려운 것이다. B 바이러스는 자신의 유전물질을 가지고 있으나 오직 숙주에 감염이 된 후에만 재생산할 수 있다. 따라서 숙주가 없다면 바이러스는 공중에 떠다니는 단백질에 불과하다. 하지만 C 숙주 안으로 들어가는 순간, 바이러스는 매우 공격적으로 자신을 복제하기 시작한다.

女性 : ウイルスは生命体か。科学者たちはこの問題について長い間議論してきた。これはウイルスが生物的特性と無生物的特性を両方見せるからである。一般的に生命体を定義する時、重要な要件がいくつかあるが、その一つは A 生命体であれば自身の遺伝物質で自身に似ている生命体を再生産できなければならないということだ。ところが、問題はウイルスがこの条件を完全に満たすとは考えにくいことだ。B ウイルスは自身の遺伝物質を持っているが、すべて宿主に感染した後にしか再生産することができない。したがって、宿主がいなければ、ウイルスは空中に漂うタンパク質に過ぎない。しかし、C 宿主の中に入った瞬間、ウイルスは非常に攻撃的に自身を複製し始める。

Q1. 正しければ〇、間違いであれば×をつけなさい。

가. 生命体は遺伝物質を持っている。

나. ウイルスの内部には遺伝物質がない。

다. 宿主の中でのウイルスは無生物の状態である。

Q2. 中心となる内容として正しいものを選びなさい。

① ウイルスは宿主がなければ生きられない。

② ウイルスは生物と無生物の特性の両方を持つ。

Q1. 가. 〇 나. × 다. ×

가. → **A** の、生命体であれば自身の遺伝物質で自身に似ている生命体を再
　　　生産できるという内容から遺伝物質を持っていることが推測できる。

나. → **B** で、ウイルスは遺伝物質を持っていると述べている。

다. → **C** で、ウイルスは宿主の中で自身を複製し始めると言っているが、
　　　これは生物の特性である。

Q2. ②

ウイルスが宿主の外では無生物の特性を、そして宿主の中では生物の特性
を見せていることを説明している。したがって、ウイルスが生物と無生物
の特姓を両方持ち合わせているという②が正解。

単語　□生命체 生命体　□유전물질 遺伝物質　□복제하다 複製する
　　　□충족하다 満たす　□숙주 宿主　□생물 生物　□무생물 無生物

남자: 근대화는 시각의 시대를 열었다. 다채로운 A시각 자극은 시각 외 다른 감각들의 자리를 빼앗았다. 특히 여러 감각 중 후각은 원초적이고 동물적인 것으로 평가되었다. B하지만 공중위생과 보건의 분야에서 후각은 큰 역할을 담당하였다. 근대의 악취는 곧바로 질병과 연관이 되어, 악취를 없애는 것은 공중 보건의 중요한 역할이었다. C전에는 인식하지 못했던 타인의 냄새를 불쾌하게 여기기 시작한 것도 바로 이 시기부터이다. 근대로 진입하며 사회는 질병으로부터 자신을 보호하기 위하여 냄새와의 전쟁을 선포한 것이다. 과학자들이 여러 물질을 통하여 악취를 제거하고자 노력하였고 환기를 강조하기 시작한 것도 바로 이 시기였다.

男性：近代化は視覚の時代を切り開いた。多彩な A視覚の刺激は視覚以外の感覚の座を奪った。特にいろんな感覚の中で嗅覚は原始的で動物的なものと見なされた。Bしかし、公衆衛生と保健の分野で嗅覚は大きな役割を果たした。近代の悪臭はすぐに病気と関連づけられ、悪臭をなくすことは公衆衛生の重要な役割だった。C昔は気づかなかった他人の臭いを不快に感じ始めたのも、まさにこの時期からである。近代に入り、社会は病気から身を守るために臭いとの戦いを宣言したのだ。科学者たちがいろいろな物質によって悪臭を除去しようと努力し、換気を強調し始めたのもまさにこの時期だった。

Q1. 正しければ○、間違いであれば×をつけなさい。

가. 近代では嗅覚が重要な位置を占める。

나. 近代の嗅覚は公衆衛生と関連して非常に重要だった。

다. 近代以前は他人の臭いをあまり気にしていなかった。

Q2. 中心となる内容として正しいものを選びなさい。

① 近代化以後、嗅覚は十分に役割を果たせなかった。

② 近代化以降、嗅覚は公衆衛生に関係してきた。

Q1. 가. ✕　나. ○　다. ○

가. → Aで視覚以外の感覚は重要な位置を占めることができなかったと述べている。

나. → Bで嗅覚が公衆衛生と保健において重要な役割を果たしたと述べている。

다. → Cで近代になって他人の臭いを気にし始めたと述べているので、以前は他人の臭いを気にしていなかったと推測できる。

Q2. ②

嗅覚が近代化以降、公衆衛生と保健において重要な役割を果たしてきたことを説明している。したがって、正解は②。

単語　□근대화 近代化　□다채롭다 多彩だ　□자극 刺激
　　　□원초적이다 原始的だ　□공중 보건 公衆保健
　　　□공중위생 公衆衛生　□악취 悪臭　□타인 他人
　　　□불쾌하다 不快だ　□환기 換気　□선포하다 宣布する

◀)) (2)5-4

[1-2] 다음은 다큐멘터리입니다. 잘 듣고 물음에 답하십시오.

1. 이 이야기의 중심 내용으로 맞는 것을 고르십시오.
① 지네의 많은 다리는 생존에 도움이 된다.
② 많은 동물들은 생존을 위해 독을 이용한다.
③ 지네의 독은 살아남기 위한 진화의 결과이다.
④ 다양한 동물들은 치열한 생존경쟁을 하고 있다.

2. 지네가 해충으로 분류되는 이유로 맞는 것을 고르십시오.
① 독이빨을 가지고 있어서
② 살아남기 위하여 진화해서
③ 많은 다리를 가지고 있어서
④ 작은 곤충을 마비시킬 수 있어서

[1−2] 次はドキュメンタリーです。よく聞いて質問に答えなさい。

1.

> 남자: 지네와 같은 작은 동물에게 독이 있다는 것은 생존에 아주 유리함을
> 의미한다. 지네의 독은 염증을 유발하는 히스타민과 심한 통증을 일
> 으키는 세로토닌으로 이루어져 있다. 지네의 독은 작은 곤충은 물론
> 강한 것은 도마뱀과 쥐도 마비시킬 수 있다. 지네가 가지고 있는 독
> 이빨은 많은 다리 중 첫 번째 앞다리가 변형된 것이다. 독이 있는 많
> 은 동물 중 지네는 유일하게 다리를 독이빨로 변형시킨 동물이다. 많
> 은 다리 중 한 쌍을 독이빨로 진화시켜 치열한 생존경쟁에서 살아남
> 은 것이다. ⒜지네에게는 살아남기 위한 선택이었지만, 이 독 때문
> 에 지네는 해충으로 분류된다.

男性：ムカデのような小さな動物に毒があるということは、生存に非常に有
　　　利であることを意味する。ムカデの毒は炎症を誘発するヒスタミンと
　　　激しい痛みを引き起こすセロトニンでできている。ムカデの毒は小さ
　　　な昆虫はもちろん、強いものはトカゲやネズミも麻痺させることがで
　　　きる。ムカデが持っている毒牙は、多くの足の中で一番目の前足が変
　　　形したものである。毒のある多くの動物の中でムカデは唯一足を毒牙
　　　に変形させた動物である。多くの足のうち1組を毒牙に進化させ、熾
　　　烈な生存競争において生き残ったわけである。⒜ムカデにとっては
　　　生き残るための選択だったが、この毒のため、ムカデは害虫に分類さ
　　　れる。

1. この話の中心となる内容として正しいものを選びなさい。
① ムカデの多くの足は生存に役立つ。
② 多くの動物は生存のために毒を利用する。
③ ムカデの毒は生き残るための進化の結果である。
④ 多様な動物は熾烈な生存競争を繰り広げている。

2. ムカデが害虫に分類される理由として正しいものを選びなさい。
① 毒牙を持っているので
② 生き残るために進化したので
③ たくさんの足を持っているので
④ 小さな昆虫を麻痺させることができるので

---

1. ③
ムカデが生き残るために毒をどのように使い、ムカデの毒牙がどのように
生まれたのかを説明しているので、正解は③。
2. ①
 A でムカデは生き残るために持っている毒のせいで害虫に分類されると言っ
ているので、正解は①。

単語　□지네 ムカデ　□생존 生存　□유발하다 誘発する
　　　□유리하다 有利だ　□염증 炎症　□통증 痛み　□진화 進化
　　　□해충 害虫

268

Unit 6 　対談

問題［39-40］［47-48］

問題39-40、47-48は対談を聞いて解く問題です。まず女性が特定のテーマ・話題を提示し、男性がそれについて詳しく話すというパターンが多いです。音声の内容が長いので、メモを取りながら聞きましょう。

問題の種類・ポイント

問題 [39]	この対談より前に述べられる内容として適切なものを選ぶ。 テーマ・話題を提示する女性（最初の話者）の言葉にヒントがある場合が多いですが、男性（詳しく話す人物）の言葉に重要な情報がある場合もあります。女性の言葉でヒントが見当たらない時には、より注意して聞きましょう。
問題 [48]	男性の態度として最も適切なものを選ぶ。 この問題に正解するためには、内容を最初から最後まで集中して聞くことが重要です。また、態度を表す表現を事前に知っておくと役に立ちます。
問題 [40]［47]	聞いた内容と一致するものを選ぶ。 話者が述べた言葉を他の言葉で表現した選択肢が正解となる場合が多いです。また、話者が述べた言葉を聞いて推測した内容が正解ということもあります。

269

●対談に関する表現

表現	例（問題の音声で流れる内容）
당부하다 呼びかける	이 제도가 제대로 시행되기 위해선 국민들의 협조가 필요합니다. この制度がきちんと施行されるためには、国民の協力が必要です。
비판하다 批判する	이러한 방식은 요즘 사람들이 선호하지 않는다는 단점이 있습니다. このような方法は最近人々が好まないという短所があります。
우려하다 憂慮する	이러한 정책은 자칫하면 부작용이 더 클 수도 있으므로 신중하게 접근해야 합니다. このような政策は、ややもすると副作用のほうがさらに大きい可能性もあるので、慎重にアプローチしなければなりません。
유보하다 保留する	시기적으로 결정하기가 이른 만큼 결과를 조금 더 두고 봐야 할 것 같습니다. 時期的に決めるのが早かっただけに、結果はもう少し様子を見なければならないと思います。
제시하다 提示する	저출산 문제에는 다음과 같은 해결 방법이 있습니다. 少子化問題には次のような解決方法があります。
증명하다 証明する	실제로 이 방법을 통해 정부와 주민들의 갈등을 해결한 사례가 있습니다. 実際にこの方法を通じて政府と住民の争いを解決した事例があります。
촉구하다 促す	앞으로 경쟁력을 높이기 위해서는 정부에서 관련 법규를 마련해야 합니다. 今後競争力を高めるためには、政府で関連法規を設けなければなりません。
토로하다 吐露する	하지만 이런 방법은 실제로 시행할 때 어려움이 많습니다. しかし、このような方法は実際に施行する時に難しいことが多いです。
예측하다 予測する	이런 식으로 하나씩 고쳐나간다면 앞으로 긍정적인 결과가 있을 것입니다. こういうふうに一つずつ直していけば、これから肯定的な結果が出てくるでしょう。

表現	例（問題の音声で流れる内容）
지적하다 指摘する	노동 없이 주는 돈은 사람들의 노동 의욕을 감소시킨다는 점에서 문제가 있습니다. 労働なしで与えるお金は人々の労働意欲を低下させるという点で問題があります。

過去問で傾向を把握しよう！

(2)6-1

[39-40] 다음은 대담입니다. 잘 듣고 물음에 답하십시오.

次は対談です。よく聞いて問いに答えなさい。

> 여자 : 국외로 유출된 문화재가 이렇게 많은데, 어떤 방법으로 이런 문화재들을 다시 본국으로 가져올 수 있을까요?
>
> 남자 : A 관련된 국제 협약이 1970년에 마련되었고, B 1990년대 후반부터 문화재 환수에 대한 관심이 높아지면서 국가 간 논의와 공조가 활발해졌습니다. 문화재 환수에는 정부 간 대여나 기증 등의 방식이 있는데요. C 기증을 통한 영구적 환수가 바람직하겠지만 D 나라마다 문화재 보호에 관한 법이 서로 달라서 이것이 쉽지는 않습니다. 현재는 대여하는 방식으로 일시적 환수가 이루어지는 경우가 많습니다.

39. 이 담화 앞의 내용으로 알맞은 것을 고르십시오.

① 민간 주도로 문화재 환수가 이루어지고 있다.

② 해외에 있는 문화재를 대여해서 전시하고 있다.

③ 환수하지 못하고 해외에 남아 있는 문화재가 많다.

④ 문화재 환수를 위해 다른 나라와 협정을 체결했다.

Unit 6

対談

271

40. 들은 내용과 일치하는 것을 고르십시오.

① 각국의 법이 달라 문화재의 영구적 환수가 어렵다.

② 1970년대부터 문화재 환수가 활발해지기 시작했다.

③ 문화재 환수는 주로 기증하는 방식으로 이루어진다.

④ 문화재 환수와 관련된 국제 협약은 존재하지 않는다.

〈64회 TOPIK Ⅱ 듣기 39-40번〉

訳

女性：国外に流出した文化財がこんなに多いのに、どのような方法でこの
　　　ような文化財を再び本国に取り戻せるのでしょうか

男性：Ａ関連する国際協約が1970年に設けられ、Ｂ1990年代後半から文
　　　化財の還収（取り戻すこと）に対する関心が高まり、国家間の議論
　　　と共助が活発になりました。文化財の還収には政府間の貸与や寄贈
　　　などの方法があります。Ｃ寄贈による永久的な還収が望ましいでしょ
　　　うが、Ｄ国ごとに文化財保護に関する法律が異なっているため、こ
　　　れは容易ではありません。現在は貸与する形で一時的な還収が行わ
　　　れる場合が多いです。

39. この談話の前にくる内容として適切なものを選びなさい。

① 民間主導で文化財の還収が行われている。

② 海外にある文化財を貸与して展示している。

③ 還収できず、海外に残っている文化財が多い。

④ 文化財の還収のために他国と協定を締結した。

40. 聞いた内容と一致するものを選びなさい。

① 各国の法律が異なっているため、文化財の永久的な還収は難しい。

② 1970年代から文化財の還収が活発になり始めた。

③ 文化財の還収は主に寄贈する形で行われる。

④ 文化財の還収と関連した国際協約は存在しない。

〈64回 TOPIK Ⅱ 聞き取り 問39-40〉

39.

女性の話から、韓国に返還されずに海外に残っている文化財が多いことがわかる。正解は③。

40.

① → **D**から、国ごとに法律が異なるため、文化財の返還が難しいということがわかる。正解。

② → **B**から、1990年代から返還が活発になったことがわかる。

③ → **C**で、寄贈による還収は望ましい方法と言っているが、**D**からそれが容易ではないことがわかる。

④ → **A**より、関連した協約が1970年代につくられたことがわかる。

単語　□유출 流出　□본국 本国　□협약 条約
　　　□환수 還収（取り戻すこと）　□공조 共助　□기증 寄贈
　　　□영구적 永久的　□일시적 一時的　□민간 民間　□협정 協定
　　　□체결하다 締結する

Unit 6

対談

🔊》(2)6-2

[47-48] 다음은 대담입니다. 잘 듣고 물음에 답하십시오.

次は対談です。よく聞いて問いに答えなさい。

여자: 국가지점번호라……. 저는 좀 생소한데요. 이미 시행 중인 제도라고요?

남자: 네, 국가지점번호 제도는 조난이 발생했을 때 그 위치를 정확하게 알 수 있도록 지역마다 번호를 부여하고 표지판을 설치하는 것입니다. 이 제도는 **A**2013년부터 신속한 구조를 목적으로 시행이 되었는데요. 아직까지도 표지판이 설치되지 않은 지역이 많고 **B**잘 알려지지도 않았습니다. 이는 실제 수행을 담당해야 할 지방자치 단체들이 업무의 책임을 분명히 하지 않고, **C**예산 부족을 핑계로 설치를 미루고 있기 때문인데요. 국민들의 안전과도 밀접한 관계가 있는 만큼 **D**시행을 위한 각 지방자치단체들의 적극적인 노력이 있어야 하겠습니다.

47. 들은 내용과 일치하는 것을 고르십시오.
① 이 제도는 곧 시행될 예정이다.
② 이 제도는 신속한 구조를 위해 마련되었다.
③ 이 제도는 국민 대상 홍보가 잘 이루어졌다.
④ 이 제도는 예산 지원이 원활하게 진행되고 있다.

48. 남자의 태도로 가장 알맞은 것을 고르십시오.
① 제도에 대한 평가를 유보하고 있다.
② 제도의 긍정적인 효과를 기대하고 있다.
③ 제도 시행을 위한 국민의 협조를 당부하고 있다.
④ 제도 시행의 문제를 지적하며 시정을 촉구하고 있다.

〈64회 TOPIK Ⅱ 듣기 47-48번〉

訳

女性：国家支店番号ですか……。私はちょっと聞いたことがないのですが。
　　　すでに施行中の制度ということですか？

男性：はい、国家支店番号制度は遭難事故が発生した際、その位置が正確
　　　にわかるように地域ごとに番号を付与し、標識を設置することです。
　　　この制度は、Ａ2013年から迅速な救助を目的として施行されました。
　　　いまだに標識が設置されていない地域が多く、Ｂあまり知られても
　　　いません。これは実際に（この制度の）遂行を担当しなくてはなら
　　　ない地方自治体が、職務の責任を明確にせずにＣ予算不足を口実に
　　　設置を先送りしているからですが、国民の安全とも密接な関係があ
　　　る分、Ｄ施行のための各地方自治体の積極的な努力が必要です。

47. 聞いた内容と一致するものを選びなさい。
① この制度はまもなく施行される予定である。
② この制度は迅速な救助のために設けられた。
③ この制度は国民向けの宣伝がよく行われた。
④ この制度は予算支援が円滑に進んでいる。

48. 男性の態度として最も適切なものを選びなさい。

① 制度に対する評価を保留している。

② 制度の肯定的な効果を期待している。

③ 制度施行のための国民の協力を呼びかけている。

④ 制度施行の問題を指摘し、是正を促している。

〈64回TOPIK Ⅱ 聞き取り 問47-48〉

解答・解説

47.

① → Ａから、2013年から施行されたことがわかる。

② → Ａで迅速な救助が目的だと述べている。正解。

③ → Ｂの「あまり知られてもいません」という言葉から宣伝が足りなかったことがわかる。

④ → Ｃの「予算不足」という言葉から予算が十分ではなかったことがわかる。

48.

Ｄの前の部分ではさまざまな問題点を述べ、Ｄでは積極的な努力が必要だと述べているので④が正解。

単語 □생소하다 馴染みのない □시행 施行 □조난 遭難
□발생하다 発生する □번호를 부여하다 番号を与える
□지방자치단체 地方自治体 □예산 予算 □홍보 宣伝
□원활하다 円滑だ □유보하다 保留する
□당부하다 呼びかける □시정 是正 □촉구하다 促す

🔊)) (2)6-3

1. 다음을 듣고 질문에 답하십시오.

1

Q1. 이 담화 앞의 내용으로 알맞은 것을 고르십시오.
① 시민 단체가 자연보호를 위한 집회를 열었다.
② 시민 단체가 도로를 넓히는 공사를 반대하고 있다.

Q2. 다시 듣고 빈칸을 채우십시오.

> 여자: ＿＿＿＿＿＿＿＿＿＿＿시민 단체들의 의견도 일리가 있어 보이는데
> 요. 이러한 지속적인 반대 의견에도 불구하고 인주시에서 나무를 베
> 어내며 도로 확장 공사를 진행하려는 이유는 뭔가요?
> 남자: 최근 관광객의 증가로 교통 체증이 심각해졌습니다. 또한 도로의 폭
> 이 좁고 차선도 1개뿐이어서 눈이나 비가 오는 날에는 교통사고가
> 자주 발생하기 때문이죠.

2

Q1. 이 담화 앞의 내용으로 알맞은 것을 고르십시오.
① 코로 숨을 쉬면 좋은 점이 많다.
② 코로 숨쉬는 것은 건강에 안 좋다.

Q2. 다시 듣고 빈칸을 채우십시오.

> 여자: 단지 코로 숨 쉬는 것이 이렇게 ＿＿＿＿＿＿＿＿＿고요? 정말 신
> 기하네요. 그럼 이렇게 코로 숨 쉬지 않고 입으로 숨을 쉬게 되면 어
> 떤 안 좋은 점이 있나요?
> 남자: 입 안이 무척 건조해지겠죠. 그리고 이렇게 입 안이 건조해지면 세균
> 이 번식하기가 쉽고 결국 이것은 면역력 저하로 이어지게 됩니다. 이
> 것은 치아 건강에도 악영향을 끼칠 수 있으므로 주의해야 합니다.

3

Q1. 남자의 마지막 말로 추측할 수 있는 것을 고르십시오.

① 우유에 대한 사람들의 인식이 바뀌어야 한다.

② 우유 급식을 하는 것이 반드시 필요하지는 않다.

Q2. 다시 듣고 빈칸을 채우십시오.

> 남자: 예전에야 영양이 부족한 경우가 많아서 우유 급식이 건강에 도움이
>   됐지만 요즘은 우유를 대체할 식품도 많아졌고 우유가 그렇게 완전
>   하지 않다는 것도 밝혀졌거든요. 유당 불내증이나 알레르기 때문에
>   우유를 못 마시는 사람들이 있다는 것도 알려졌죠. 80년대부터 시작
>   된 우유 급식, 인식이 달라진 만큼 _____도 나쁘지
>   않을 것 같습니다.

4

Q1. 남자의 마지막 말로 추측할 수 있는 것을 고르십시오.

① 한복 교복의 긍정적인 효과를 부정하고 있다.

② 한복 교복의 긍정적인 효과를 확신하지 못하고 있다.

Q2. 다시 듣고 빈칸을 채우십시오.

> 남자: 한복 교복 사업은 중·고등학생들이 한복에 대한 친밀감을 높이고
>   긍정적인 인식을 심어 주기 위해 추진되었습니다. 특히 한복 교복의
>   보급으로 전통문화를 계승한다는 점과 실용성을 강조한 디자인을
>   장점으로 내세우고 있죠. 그러나 한복 교복이 과연 학생들에게 긍정
>   적인 반응을 얻을 수 있을지는 조금 _____기도 합
>   니다.

2. 다음을 듣고 질문에 답하십시오.

1️⃣

Q1. 맞으면 ○, 틀리면 ✕ 하십시오.

가. 2020년부터는 문화누리카드의 금액이 늘어난다. ( )

나. 문화누리카드를 사용하는 사람의 비율이 높은 편이다. ( )

다. 문화누리카드는 문화생활을 원하는 사람에게 발급해준다. ( )

라. 정부에서는 문화누리카드 이용 장소를 더 많이 만들 계획이다. ( )

Q2. 이 담화 앞의 내용으로 알맞은 것을 고르십시오.

① 소득이 적은 사람들은 문화생활에 돈을 많이 쓰지 않는다.

② 국민들이 여가 생활에 사용하는 비용을 점점 줄이고 있다.

③ 저소득층을 위한 문화생활 지원비 정책이 시행될 예정이다.

2️⃣

Q1. 맞으면 ○, 틀리면 ✕ 하십시오.

가. 대체육은 실제 고기처럼 지방이 풍부하다. ( )

나. 환경을 위해 대체육을 먹는 사람들이 있다. ( )

다. 대체육은 실제 고기와는 질감이 많이 다르다. ( )

라. 어린 아이들은 진짜 고기를 먹는 것이 더 좋다. ( )

Q2. 남자의 태도로 가장 알맞은 것을 고르십시오.

① 대체육이 육류시장에 미칠 영향을 예측하고 있다.

② 대체육이 가져올 건강한 식습관의 변화를 기대하고 있다.

③ 무조건적인 대체육 섭취의 부작용에 대해 우려하고 있다.

練習① 基本練習　訳と解答

1. 次の音声を聞いて質問に答えなさい。

1

Q1. この談話の前にくる内容として適切なものを選びなさい。

① 市民団体が自然保護のための集会を開いた。

② 市民団体が道路を広げる工事に反対している。

Q2. もう一度聞いて空欄を埋めなさい。

女性：＿＿＿＿＿＿＿＿＿＿＿＿市民団体の意見も一理あるように思われますが、
　　　このような継続的な反対意見にもかかわらず、インジュ市で木を伐採
　　　して道路拡張工事を進めようとする理由は何ですか？

男性：最近、観光客の増加により、交通渋滞が深刻になりました。また、道
　　　路の幅が狭く、車線も1本だけなので、雪や雨の日には交通事故がよ
　　　く発生するためです。

Q1. ②

女性の言葉から、道路を拡張する工事に対して市民団体が反対していること
がわかる。したがって正解は②。

Q2. 자연보호를 이유로 반대하는 自然保護という理由で反対する

単語　□일리가 있다 一理ある　□베다 切り取る　□확장 拡張
　　　□보장하다 保障する　□집회 集会

2

Q1. この談話の前にくる内容として適切なものを選びなさい。

① 鼻で息をすると良い点がたくさんある。

② 鼻で呼吸するのは健康によくない。

Unit 6

対談

279

Q2. もう一度聞いて空欄を埋めてください。

女性：ただ鼻で呼吸することが、このように＿＿＿＿＿＿＿＿＿＿＿んです
　　　か？　本当に不思議ですね。では、このように鼻で息をせず、口で息
　　　をすると、どのような悪いことがありますか？

男性：口の中がとても乾燥するでしょう。そして、このように口の中が乾燥
　　　すると細菌が繁殖しやすく、結局これは免疫力の低下につながります。
　　　これは歯の健康にも悪影響を及ぼす可能性があるので注意しなければ
　　　なりません。

3

Q1. 男性の最後の言葉として推測できることを選びなさい。
① 牛乳に対する人々の認識が変わらなければならない。
② 牛乳給食を行うことは必ずしも必要ではない。

Q2. もう一度聞いて空欄を埋めなさい。

男性：昔は栄養が不足する場合が多く、牛乳給食が健康に役立ちましたが、
　　　最近は牛乳に代わる食品も多くなり、牛乳がそれほど完全ではないこ
　　　とも明らかになったんです。乳糖不耐症やアレルギーで牛乳が飲めな
　　　い人がいることも知られていますね。80年代から始まった牛乳給食、
　　　認識が変わった分＿＿＿＿＿＿＿＿＿＿＿も悪くないと思います。

4

Q1. 男性の最後の言葉として推測できることを選びなさい。

① 韓服制服の肯定的な効果を否定している。
② 韓服制服の肯定的な効果を確信できていない。

Q2. もう一度聞いて空欄を埋めなさい。

男性：韓服制服事業は中高校生が韓服に対する親近感をわかせ、肯定的な認識を植え付けるために推進されました。特に韓服の制服の普及で伝統文化を継承するという点と実用性を強調したデザインを長所として掲げています。しかし、韓服制服が果たして生徒から肯定的な反応を得られるかは少し＿＿＿＿＿＿＿＿＿＿こともあります。

2. 次の音声を聞いて質問に答えなさい。

1

> 여자: 그래서 정부는 이렇게 경제적인 이유로 평소 문화생활이 어려운 사
> 람들에게 문화비를 지원하는 문화누리카드를 발급하고 있는데요.
> A 2020년부터는 금액이 상향 조정된다고 하죠?
> 남자: 네 그렇습니다. 앞에서도 이야기 한 것처럼 보통 경제적으로 어려워
> 지면 사람들은 제일 먼저 여가 생활에 쓰이는 돈을 줄이게 됩니다.
> 그래서 정부에서는 이러한 B 저소득층의 문화생활을 위해 카드에
> 일정금액을 넣어 주고 그 카드를 문화생활에 사용할 수 있도록 하는
> 문화누리카드라는 것을 발급하고 있습니다. 하지만 투입된 예산에
> 비해 C 사용률이 저조했는데요, 정부에서는 그 이유를 금액 부족이
> 라고 보고 있습니다. 그래서 2020년부터는 9만원으로 지원금이 확
> 대됩니다. 그리고 지원금 확대와 더불어 D 이용할 수 있는 시설을
> 늘리고 홍보와 안내를 강화하는 노력도 하고 있습니다.

女性: そのため、政府はこのように経済的な理由で普段文化活動ができない
人々に文化費を支援する「文化ヌリカード」を発行していますが。
A 2020年からは金額が上方修正されるそうですね。

男性: はい、そうです。先ほども話したように、通常、経済的に厳しくなる
と、多くの方はまず最初に余暇生活に使われるお金を減らすようにな
ります。それで政府ではこのような B 低所得者層の文化活動のため、
カードに一定の金額を入れて、そのカードを文化活動に使えるように
する「文化ヌリカード」というものを発行しています。しかし、投入
した予算に比べて C 使用率が低迷しまして、政府はその理由を金額
不足と見ています。それで2020年からは9万ウォンに支援金が拡大
されます。そして支援金の拡大とともに D 利用できる施設を増やし、
広報とお知らせを強化する努力もしています。

Q1. 正しければ○、間違いであれば×をつけなさい。

가. 2020年からは「文化ヌリカード」の金額が増える。

나. 「文化ヌリカード」を使う人の割合は高いほうである。

다. 「文化ヌリカード」は文化活動を希望する人に発行する。

라. 政府は「文化ヌリカード」の利用場所をさらに多く作る計画である。

2. この談話の前にくる内容として適切なものを選びなさい。

① 所得の少ない人は文化活動にお金をあまり使わない。

② 国民が余暇活動に使う費用を徐々に減らしている。

③ 低所得層のための文化活動支援費の政策が施行される予定だ。

Q1. 가. ○ 나. × 다. × 라. ○

가. → **A** の、2020年から金額が「上方修正」されるという言葉で金額が増えることが推測できる。

나. → **C** で、カードを使う割合、つまり使用率が低迷していると言っているので、使う人は少ない。

다. → **B** で、「文化ヌリカード」は低所得者層、つまり所得が少ない人に発行すると言っている。

라. → **D** で、政府は利用できる施設を増やすと述べている。

Q2. ①

男性が「先ほども話したように」と発言し、経済的に厳しい人々はまず最初に余暇生活に使われるお金を減らすと述べているので、①が正解。

単語　□발급하다 発行する　□상향조정 上方修正
　　　□저소득층 低所得者層　□투입되다 投入する　□예산 予算
　　　□사용률 使用率　□저조하다 低迷する　□강화하다 強化する

여자: 요즘 대체고기 즉 대체육 시장이 주목을 받고 있는데요. 콩과 밀 같은 식물성 재료를 사용해서 만들었지만 고기와 똑같은 맛을 내기 때문에 인기가 많다고 하죠?

남자: 네, 그렇습니다. 특히 건강이나 A 환경보호 등의 이유로 고기를 섭취하지 않거나, 특정 질환으로 인해 고기를 먹을 수 없는 일반 소비자들에게 인기가 많습니다. 현재 우리가 접할 수 있는 대체육들은 예전과 달리 B 실제 고기와 똑같은 맛과 질감으로 소비자들의 마음을 사로잡고 있습니다. 또한 대체육과 같은 식물성 고기는 비타민과 섬유질이 풍부하고 C 지방은 적어서 더 건강하게 고기를 즐길 수 있습니다. 하지만 D 성장기 어린이나 근육 손실이 많이 일어나는 60대 이상의 여성의 경우 동물성 단백질 섭취도 중요하므로 식물성 고기 위주로 식사하는 것은 위험할 수 있습니다.

女性：最近、フェイクミート、つまり代替肉の市場が注目されています。大豆や小麦のような植物性の材料を使って作っているのですが、肉とまったく同じ味なので人気があるそうですね。

男性：はい、そうなんです。特に健康や A 環境保護などの理由で肉を摂らない場合や、特定疾患のため、肉が食べられない一般の消費者に人気があります。現在、私たちが口にすることのできる代替肉は、以前とは違って、B 実際の肉とまったく同じ味と食感で消費者の心をとらえています。また、代替肉のような植物性の肉はビタミンや繊維質が豊富なのに、C 脂肪は少ないため、より健康的に肉を楽しむことができます。しかし、D 成長期の子供や筋肉損失が多く起きる60代以上の女性の場合、動物性タンパク質の摂取も重要なので、植物性の肉を中心とした食事をすることは危険かもしれません。

Q1. 正しければ◯、間違いであれば×をつけなさい。

가. 代替肉は実際の肉のように脂肪が豊富である。

나. 環境のために代替肉を食べる人がいる。

다. 代替肉は実際の肉とは食感がかなり違う。

라. 子供は本物の肉を食べたほうがよい。

2. 男性の態度として最も適切なものを選びなさい。

① 代替肉が食肉マーケットに及ぼす影響を予測している。

② 代替肉がもたらす健康的な食習慣の変化を期待している。

③ 無条件に代替肉を摂ることの副作用について憂慮している。

Q1. 가. × 나. ◯ 다. × 라. ◯

가. → **C**で、実際の肉より脂肪が少ないと述べている。

나. → **A**から、環境保護を理由に本当の肉を摂らない人が代替肉を食べることがわかる。

다. → **B**で、実際の肉と食感が似ていると言っている。

라. → **C**で、子供たちは成長のために動物性タンパク質を摂取することが重要だと言っているので、本物の肉を食べたほうがよいことが推測できる。

Q2. ③

男性は最後に、動物性タンパク質の摂取が必要な人たちに関する話をしながら植物性の肉を中心とした食事の危険性について話している。したがって③が正解。

単語　□주목을 받다 注目される　□섭취하다 摂取する　□특정 特定
　　　□질환 疾患　□질감 質感（食感）　□성장기 成長期
　　　□근육 손실 筋肉損失　□단백질 タンパク質

🔊)) (2)6-5

[1-2] 다음은 대담입니다. 잘 듣고 물음에 답하십시오.

1. 이 담화 앞의 내용으로 알맞은 것을 고르십시오.
① 고기와 계란은 콜레스테롤을 낮추는데 도움이 된다.
② 육류 위주로 식사를 한 사람들이 콜레스테롤이 높다.
③ 육식을 자주 하는 것과 콜레스테롤은 큰 관계가 없다.
④ 콜레스테롤이 높아서 고기를 먹지 않는 사람들이 많다.

2. 들은 내용과 일치하는 것을 고르십시오.
① 건강을 위해서 육식을 자제하는 것이 좋다.
② 고칼로리의 음식을 많이 섭취하는 것이 좋다.
③ 식사는 적당량을 일정한 시간에 먹는 것이 좋다.
④ 채소 위주의 식사가 콜레스테롤 감소에 도움이 된다.

[3-4] 다음은 대담입니다. 잘 듣고 물음에 답하십시오.

3. 들은 내용과 일치하는 것을 고르십시오.
① 이 제도를 통해 실제로 금연에 성공한 사람이 있다.
② 이 제도는 흡연율을 줄이기 위한 목적으로 만들어졌다.
③ 금연 교육과 금연 지원 서비스는 홍보가 잘 이루어졌다.
④ 횟수에 제한 없이 교육을 통해 과태료를 감면 받을 수 있다.

4. 남자의 태도로 가장 알맞은 것을 고르십시오.
① 새로운 제도의 개선 방향을 제안하고 있다.
② 기존 제도의 실효성에 대해 의심하고 있다.
③ 새로운 제도의 긍정적인 효과를 기대하고 있다.
④ 기존 제도의 문제점을 지적하고 개선을 촉구하고 있다.

[1-2] 次は対談です。よく聞いて質問に答えなさい。

여자 : 고기와 계란을 많이 먹어서 콜레스테롤이 높아졌다는 것은 오해였군요.

남자 : 네 그렇습니다. 보통 사람들이 건강검진에서 콜레스테롤이 높다고 진단받으면 무작정 Ａ육류 섭취를 줄이고 채식 위주로 식단을 짜는데요. 이런 방법이 오히려 건강을 더 해칠 수도 있습니다. 앞에서도 이야기한 것처럼 고기나 계란을 먹는 것이 콜레스테롤을 높이는 원인이 된다는 확실한 근거는 없습니다. 실제로 Ｂ고기를 규칙적으로 조금씩 먹으면 콜레스테롤 수치가 감소한다는 연구 결과도 있습니다. 오히려 Ｃ열량이 높은 음식을 한 끼에 폭식하는 식습관이 더 위험합니다. 물론 식사를 거르는 습관도 좋지 않고요. 따라서 콜레스테롤이 높을 때에는 끼니를 거르지 않고 Ｄ규칙적으로 일정량을 자주 먹으려고 노력하는 것이 좋습니다.

女性 : 肉と卵をたくさん食べてコレステロールが高くなったというのは誤解だったんですね。

男性 : はい、そうなんです。たいていの方は、健康診断でコレステロールが高いと診断されると、とりあえずＡ肉類を摂ることを減らし、菜食中心に献立を立てますが、このような方法がかえって健康を害することもあります。先ほどお話ししたように、肉や卵を食べることがコレステロールを高める原因になるという確実な根拠はありません。実際、Ｂ肉を規則的に少しずつ食べるとコレステロール値が下がるという研究結果もあります。むしろ、Ｃカロリーの高い食べ物を一回の食事でむやみに食べる食習慣の方が危険です。もちろん食事を抜く習慣も良くないです。したがって、コレステロール値が高い時は、食事を抜かずにＤ規則的に一定の量をよく食べようと努力することが望ましいです。

1. この談話の前にくる内容として適切なものを選びなさい。
① 肉と卵はコレステロールを下げるのに役立つ。
② 肉類を中心に食事をした人はコレステロールが高い。
③ 頻繁に肉食をすることとコレステロールは大きな関係がない。
④ コレステロールが高いので、肉を食べない人が多い。

2. 聞いた内容と一致するものを選びなさい。
① 健康のために肉食を控えたほうがよい。
② 高カロリーの食べ物をたくさん摂ったほうがよい。
③ 食事は適量を決まった時間に食べたほうがよい。
④ 菜食中心の食事がコレステロールの減少に役立つ。

1. ③
女性の話から推測すると、肉と卵がコレステロールを高める原因ではなかっ
たことがわかるので、関係がないと述べている③が正解。
2. ③
① → **B**で、肉を規則的に少しずつ食べるとコレステロールが下がると言っ
　　ているので、健康に役立つことが推測できる。
② → **C**で、高カロリーの食べ物をむやみに食べるのはよくないと言って
　　いる。
③ → **D**で、規則的に一定の量をよく食べるのがよいと言っている。話の
　　中の、規則的に食べること、が選択肢では決まった時間に食べるこ
　　とに言い換えられている。
④ → **A**で、肉を食べずに野菜を中心に食べることがかえって健康を害す
　　ることがあると言っている。

単語　□**진단받다** 診断される　□**근거** 根拠　□**수치** 数値
　　　□**열량** カロリー　□**폭식** 暴食　□**식사를 거르다** 食事を抜く
　　　□**고칼로리** 高カロリー

여자: 앞으로는 흡연자가 금연 구역 내에서 흡연으로 적발되어도 금연 교육이나 금연 지원 서비스를 받으면 과태료를 감액 혹은 면제받을 수 있게 된다고 하는데 구체적으로 어떤 내용입니까?

남자: 금연 교육을 받으면 흡연 과태료가 50% 줄어들고 금연 치료와 상담 등 금연 지원 서비스를 받으면 흡연 과태료가 아예 면제되는 제도입니다. A아직 잘 알려지지 않은 흡연자의 금연 교육 및 금연 서비스에 대해 알리고 이용률도 높이기 위해서이지요. 하지만 B2년 동안 같은 제도로 과태료를 감면받은 사람은 3회 이상 적발될 경우 감면받을 수 없고, 현재 과태료를 체납 중인 사람도 감면 대상에서 제외됩니다. 이 제도는 C흡연자가 금연 교육과 금연 지원 서비스를 적극 이용해 실제 금연까지 이어질 수 있도록 지원하기 위해 마련되었는데요. 이러한 과태료 감면제도 시행을 통해 흡연자들의 금연 지원 서비스 인지도나 이용률을 높일 수 있을 것으로 기대가 됩니다.

女性：これからは喫煙者が禁煙区域内で喫煙で摘発されても、禁煙教育や禁煙支援サービスを受ければ過料を減額または免除されるようになるそうですが、具体的にはどんな内容でしょうか？

男性：禁煙教育を受ければ、喫煙の過料が50％減り、禁煙治療と相談など禁煙支援サービスを受ければ喫煙の過料が完全に免除される制度です。Aまだよく知られていない喫煙者の禁煙教育や禁煙サービスについて知らせ、利用率も高めるためです。しかし、B2年の間に、同じ制度で過料を減免された人は、3回以上摘発された場合、減免を受けることができず、現在過料を滞納している人も減免対象外となります。この制度は、C喫煙者が禁煙教育と禁煙支援サービスを積極的に利用し、実際に禁煙につながるよう支援するために新設しました。このような過料減免制度の施行を通じて、喫煙者の禁煙支援サービスの認知度や利用率を高めることができると期待しています。

3. 聞いた内容と一致するものを選びなさい。

① この制度を通じて実際に禁煙に成功した人がいる。

② この制度は喫煙率を減らす目的で作られた。

③ 禁煙教育と禁煙支援サービスは広報がよく行われた。

④ 回数に制限なく教育を通して過料の減免を受けることができる。

4. 男性の態度として最も適切なものを選びなさい。

① 新しい制度の改善方向を提案している。

② 従来の制度の実効性を疑っている。

③ 新制度の肯定的な効果を期待している。

④ 従来の制度の問題点を指摘し、改善を促している。

3. ②

① → 女性の話から、この制度はまだ施行前であることがわかる。

② → **C**で、喫煙者が禁煙につながるよう支援するために作られたと言っていることから、喫煙率を減らすことが目的だと考えられる。

③ → **A**で、まだあまり知られていないと言っているので、広報はうまくいっていないと考えられる。

④ → **B**から、2年の間に同じ制度で減免された人は、3回目からは減免を受けることができない。

4. ③

女性の話から、この制度はまもなく施行される新しい制度であることがわかる。男性が最後にこの制度を通じて禁煙支援サービスの認知度と利用率を高めることができるという肯定的な効果を述べているので、③が正解。

単語　□**과태료** 過料　□**감면** 減免　□**면제** 免除

　　　□**적발되다** 摘発される　□**체납** 滞納　□**인지도** 認知度

　　　□**홍보** 広報　□**실효성** 実効性

著者
イ・ヘリム、チュ・ヘリム、ファン・チソン

日本語翻訳
モク・ジュンス

本書籍の日本国外での販売及び使用を禁止します。
본 서적을 일본국외에서 판매 및 사용하는 것을 금지합니다.

よくわかる　韓国語能力試験　TOPIK II
聞き取り テキスト

2023 年 6 月 30 日　初版第 1 刷発行

著　者　　イ・ヘリム、チュ・ヘリム、ファン・チソン
発行者　　藤嵜政子
発　行　　株式会社スリーエーネットワーク
　　　　　〒102-0083　東京都千代田区麹町 3 丁目 4 番
　　　　　　　　　　　トラスティ麹町ビル 2 F
　　　　　電話　営業　03（5275）2722
　　　　　　　　編集　03（5275）2725
　　　　　https://www.3anet.co.jp/
印　刷　　萩原印刷株式会社

ISBN978-4-88319-925-9　C0087